Politique coloniale

Mon testament politique

Par

W. H. Solf

Reimar Hobbing / Editeur / Berlin

Politique coloniale

Mon testament politique

par

W.-H. Solf

Reimar Hobbing, éditeur, Berlin

A mes collaborateurs de l'Office des colonies.

Après avoir déposé, il y a quelques semaines, la direction de l'Office des colonies, c'est aussi de vous que je prends congé aujourd'hui. Les motifs qui m'ont engagé à me démettre de mes fonctions, ne remontent pas à des divergences d'opinion entre le gouvernement du peuple et moi au sujet de nos buts coloniaux pendant la guerre, car le point de vue du nouveau gouvernement est, après comme avant la guerre, d'obtenir la récupération de nos colonies, et il correspond à celui de l'ancien gouvernement, c'est-à-dire que la possession de colonies est pour l'Allemagne une question vitale, et non une question de luxe. Aussi m'est-il pénible de quitter l'Office des colonies, d'autant plus que c'est juste le moment où un échange de vues a lieu entre nos ennemis au sujet de la question des colonies allemandes, et que cette circonstance doit faire espérer même aux plus timorés que la paix nous rendra nos colonies.

En ma qualité de secrétaire d'État à l'Office impérial des colonies, j'aurais voulu présenter nos réclamations coloniales à la conférence de la paix. J'aurais considéré ce rôle comme le couronnement de ma carrière officielle. Cela ne devait pas avoir lieu. C'est donc à regret que je prends congé de vous. Il y a bien des années que j'ai travaillé avec plus d'un d'entre vous en Afrique et dans les parages du Pacifique, et pendant plus de sept ans j'ai été chargé de la direction de l'Office des colonies. C'est pourquoi je suis le mieux en état de juger, Messieurs, les services que vous avez rendus pendant toute cette période à la cause de l'Allemagne dans les pays d'outre-mer, et je ne voudrais pas laisser passer cette occasion sans vous remercier de votre fidèle collaboration. Nous avons travaillé en bons camarades, et nous avons marché droit au même but commun. Ma reconnaissance s'en va aussi vers ceux qui ne sont plus parmi nous, vers ceux qui sont restés sur le champ d'honneur en Afrique ou sur les théâtres de la guerre en Europe, vers ceux aussi, qui jusqu'à présent combattirent au loin pour la cause de l'Allemagne ou supportèrent les maux de la captivité. Si dans ces jours de cruelle épreuve pour notre patrie, nous nous représentons les exploits de nos troupes dans les colonies, je peux en toute confiance envisager l'avenir, et je ne risque pas de tomber dans un pessimisme qui voit tout en noir. Il y a dans notre peuple trop de bonne force vitale pour qu'il puisse jamais périr. Nous devons nous relever par le travail et nous nous relèverons aussi. De même qu'on ne réussira pas à faire disparaître de la surface de la terre un peuple de soixante-dix millions d'habitants, de même ce serait un projet qui n'aurait aucune chance de succès que de vouloir exclure à jamais le peuple allemand des pays tropicaux et de l'empêcher d'y coloniser. Nos adversaires victorieux peuvent bien avoir actuellement le pouvoir de nous dicter une paix forcée. Mais une telle paix ne saurait durer car elle renfermerait les germes de nouvelles dissensions. J'espère qu'au moment décisif ceux-ci auront le dessus qui, dans les rangs de nos ennemis, à l'instar du président Wilson, veulent prendre le droit et non la force comme base de la nouvelle organisation du monde. Mais nous avons le droit de notre côté quand nous demandons qu'on permette au peuple allemand de travailler à l'avenir dans ses propres colonies d'outremer.

Comme chef de l'administration coloniale j'ai examiné avec vous de la façon la plus minutieuse et pendant les longues années de la guerre les motifs allégués par nos adversaires contre la restitution de nos colonies. En avez-vous trouvé un seul qui pût résister à la critique? Plus d'une fois pendant mes fonctions, j'ai exposé dans des discours officiels nos buts coloniaux non seulement à l'égard de la civilisation, mais encore aux points de vue économique et politique. Personne ne m'a jusqu'ici prouvé que les buts que jai proposés ne correspondaient pas aux principes établis par le président Wilson dans ses différents manifestes. Ce sont les mêmes que ceux qui ont également été acceptés par nos adversaires en Europe comme condition préalable de la conclusion de la paix. L'idée du droit doit tôt ou tard remporter la victoire sur celle de la force. Er voici les questions que j'ai présentées le 20 août 1918 à Mr. Balfour et qui attendent encore une réponse:

Comment éviterons-nous les guerres à l'avenir?

Comment parvenons-nous à sauvegarder l'efficacité d'accords internationaux même pendant une nouvelle guerre?

Comment protégeons-nous les non-combattants?

Comment éviterons-nous à l'avenir que les États neutres aient à souffrir à cause de leurs sentiments pacifiques?

Comment protégeons-nous les minorités nationales?

Comment réglons-nous notre devoir commun et notre point d'honneur envers les races mineures de ce monde?

Si toutes les réponses à ces questions correspondent à l'esprit dans lequel celles-ci ont été posées, alors nous recouvrerons nos colonies, — alors aussi, Messieurs, vous serez appelés à faire votre œuvre de pionniers pour la cause de l'Allemagne, et je suis certain que vous répondrez volontiers et joyeusement à cet appel. Plus que jamais, toutes nos forces appartiennent aujourd'hui et à l avenir au peuple et à la patrie.

En avant donc, *per aspera ad astra*!

Berlin, en février 1919.

Solf

ancien Secrétaire d'État au Ministère des affaires étrangères et à l'Office impérial des colonies.

Avant-propos.

Le livre que voici a été écrit pendant la guerre. Il renferme les plus importants passages détachés des discours et conférences que j'ai faits dans le cours des années 1914—1918. Ces discours et ces conférences devant éclairer le peuple allemand en lui faisant comprendre le caractère, les desseins et les buts de notre politique coloniale, il était bien difficile d'éviter les répétitions. Grâce à son habileté de rédaction, M. Arthur Dix a cependant réussi à les éliminer du livre, qui lui doit aussi la disposition de la matière dans un exposé systématique.

Table des matières.

I. Économie mondiale et Politique coloniale.

1. Introduction.

Les relations auxquelles l'économie mondiale a donné naissance dans ses multiples expressions entre les peuples civilisés sont si fortement nouées, qu'aucun peuple ne peut plus s'y soustraire. Le commerce et l'industrie de toutes les nations sont basés sur leurs rapports avec le monde entier. De nos jours, aucun État ne peut renoncer à participer à l'économie mondiale sans miner le pilier central de sa puissance économique. Le développement des forces économiques, prises isolément, de l'Europe a étendu son action bien loin au delà des frontières du continent. Le fait que nous avons été séparés pendant la guerre de l'économie mondiale et que nous en avons été réduits à nous-mêmes, ne prouve pas que nous puissions subsister éternellement comme État isolé.

Alors que la population de l'Europe augmentait en même temps que l'industrialisation progressait, et que l'industrie réclamait toujours plus de matières premières, l'économie nationale ne parvenait pas à produire des denrées alimentaires et des matières premières en quantités suffisantes. Il fallut en importer des pays transmarins, et l'on s'adressa alors aux contrées tropicales qui, jusqu'à cette époque, n'avaient fourni que des marchandises de luxe, des métaux précieux, des pierres fines et des épices. Ces contrées peuvent produire beaucoup de matières premières nécessaires à l'industrie et à l'agriculture, et celles-là ou à meilleur marché et de meilleure qualité, ou même elles seules peuvent les produire. La puissance créatrice propre au soleil des tropiques, ainsi que les vastes étendues des riches territoires coloniaux gagnèrent en importance, en complétant à la satisfaction générale la productivité de l'Europe. Il résulta donc de ce développement que les contrées tropicales — en dernier lieu celles de l'Afrique et de la Mer du Sud — eurent une place dans les relations économiques des peuples européens et servirent à l'approvisionnement de l'Europe. C'est ainsi que la vie économique de l'Europe trouva un complément dans celle des colonies. Déjà dans les dernières dizaines d'années avant la guerre, les questions coloniales ont joué un rôle très important dans les rapports de la politique mondiale et les relations économiques et oppositions d'intérêts entre les grandes puissances — je citerai à titre d'exemple le Maroc et les essais d'entente entre l'Allemagne et l'Angleterre —; après la guerre, et en connexion avec les doctrines les moins équivoques que nous en avons déduites, et qui ont convaincu l'adversaire le plus endurci, ces questions augmenteront considérablement d'importance. Quiconque s'occupe de politique mondiale ne peut passer devant la politique coloniale comme si elle traitait un chapitre, détaché de celle-là, de notre activité nationale. Les territoires coloniaux des grandes puissances européennes et autres comprennent une étendue immense de la terre habitable. Ils sont le résultat d'un développement de presque cinq siècles, dont le commencement remonte à l'emprise des Portugais au delà de leur patrimoine européen, et entraîna successivement dans leur voie Espagnols, Hollandais, Anglais et Français, jusqu'à ce que dans le dernier quart du siècle passé se déclencha un nouveau et puissant mouvement qui, sous la forme de la concurrence la plus acharnée entre les anciens et les nouveaux États coloniaux — parmi lesquels se trouvait l'Empire allemand nouvellement créé — eut en peu de temps pour conséquence le partage des contrées transmarines encore inoccupées, sans que l'on puisse dire que ce partage fût terminé au moment où la guerre éclata.

Comment le tableau mondial, politique et géographique, se présentait-il en 1914?

Parmi les pays que appartiennent à l'Europe, seules les possessions anglaises de Gibraltar et de Malte peuvent être considérées comme des colonies, dont l'Espagne et l'Italie souffrent comme d'une épine plantée dans leur chair, — exemples typiques de l'action d'une politique mondiale sous une forme coloniale, et sans les concepts préalables de sa justification.

Ces restes d'une politique de prestige même sur le sol européen sont les témoins d'une époque antérieure où toute la politique mondiale se faisait au moyen des méthodes d'expansion de la puissance coloniale. Plus la population des colonies primordiales s'est européanisée, plus la tendance à l'autonomie a fait de progrès dans l'ancien pays colonial. Ce développement ne peut pas non plus être considéré comme terminé de nos jours. Même les colonies européennes de l'Angleterre, — c'est-à-dire celles de race blanche —, se considèrent toujours plus, non comme des «filles», mais comme des sœurs de la mère patrie et réclament leur place entière dans le gouvernement de l'empire britannique.

La politique coloniale se restreint de plus en plus, dans son sens étroit, au travail de puissances colonisatrices appliquées à diriger l'éducation de races inférieures et à utiliser pour l'économie mondiale le sol que celles-ci habitent. Dans les contrées habitées par des races supérieures, les combinaisons de politique coloniales disparaissent de plus en plus, et la politique mondiale prend le cachet d'un ensemble autonome inséré dans les grands enchaînements de l'économie mondiale.

Dans le continent américain, qui se trouvait jadis entièrement entre les mains des Européens, le sud, cette ancienne possession coloniale des Espagnols et des Portugais, s'est transformé depuis une centaine d'années en une série d'États viables au fond, et dont personne ne menace l'autonomie. Seul subsiste au nord-est un petit reste des colonies européennes, la Guyane. Les choses en sont au même point dans l'Amérique centrale, sauf qu'ici, les États-Unis sont aux aguets et aspirent à englober directement ou indirectement dans leur pouvoir la Nouvelle-Espagne de Panama jusqu'au Mexique. Depuis une vingtaine d'années, ils sont entrés dans les rangs des puissances qui poursuivent une politique d'expansion. Le Canada, ce grand État qui forme un membre de l'Angleterre, est resté jusqu'à présent fidèle à ses relations vis-à-vis de la Grande-Bretagne. Restent les îles des Indes occidentales, qui sont partagées entre les anciens États coloniaux et les États-Unis. Étant donné que le programme de ces derniers est de les faire entrer dans sa possession — je rappelle à ce propos l'achat des possessions danoises pendant la guerre —, on peut compter que le drapeau européen disparaîtra peu à peu de ces îles. Abstraction faite du problème canadien, l'époque de la colonisation européenne en Amérique touche par conséquent à sa fin.

A travers l'immensité du continent asiatique s'étend une série d'États, la Turquie, la Perse, l'Afghanistan, la Chine, et à l'écart, le royaume de Siam, qui ont conservé leur autonomie jusqu'aujourd'hui, mais qui sont le but convoité de l'expansion impérialiste des grandes puissances. Si donc cela dépend de la volonté de celles-ci, ils finiront par disparaître comme tels de la carte, et feront place à des sphères d'intérêts ou à des colonies. Notre politique, au contraire, a toujours visé à conserver l'autonomie politique de ces États. Au nord de ceux-ci s'étend l'immense Russie d'Asie, sur le caractère colonial de laquelle, du moins pour de grandes parties, on peut avoir des opinions différentes. Par suite de sa débâcle comme grande puissance, elle se trouve dans le creuset de l'histoire; il faut attendre le produit qui en sortira. Parmi les sphères coloniales proprement dites, on compte au contraire les Indes anglaises et l'Indo-Chine, y compris les îles de la Sonde. C'est sur cette partie la plus précieuse de son gigantesque empire que l'Angleterre maintient sa domination, en dépit des revendications toujours plus pressantes des classes supérieures des populations, qui réclament leur autonomie et le droit de disposer d'elles-mêmes. C'est là aussi que la France se maintient également dans l'Indo-Chine conquise au prix de graves sacrifices, et la Hollande dans les îles de la Sonde, source de sa prospérité économique, mais l'une et l'autre sont menacées par les aspirations ambitieuses de la grande puissance asiatique qui semble disposée à pousser en avant, et de tous les côtés, les limites de son jeune empire colonial.

Le dernier continent, l'Australie, et le grand archipel de la Nouvelle-Zélande forment des États qui sont des membres de l'Angleterre, et se caractérisent par le dépeuplement progressif des indigènes, ainsi que par la densité relativement faible de la population blanche presque purement anglaise. Ces territoires se sentent aussi menacés par le Japon, et regardent l'Amérique comme un sauveur.

C'est probablement à ce sentiment qu'il faut attribuer l'application de la doctrine de Monroe à la partie méridionale du Pacifique, où l'Angleterre, la France, la Hollande, les États-Unis et l'Allemagne possèdent des colonies insulaires. Elles joueront un rôle important dans la lutte qui s'engagera au sujet de l'océan Pacifique, et que beaucoup de personnes croient devoir prévoir.

De même que la Mer du Sud, l'Afrique n'est entrée, malgré

le voisinage de l'Europe, que dans les dernières dizaines d'années dans le domaine des grandes puissances coloniales, après que celles-ci avaient déjà fondé quelques établissements sur divers points des côtes. Le nord de l'Afrique, en deçà du Sahara, est tombé entre les mains des États méditerranéens. Au nord-est, l'Égypte et le Soudan septentrional se trouvent sous l'influence anglaise; l'Abyssinie est restée indépendante, tandis que la côte de Somali a été partagée entre l'Italie, la France et l'Angleterre. Depuis l'assujettissement des États boërs, le sud de l'Afrique jusqu'au Zambèze appartient dans presque toute son étendue à l'Angleterre. Seuls, le Sud-Ouest allemand, et la colonie portugaise de Mozambique ont d'autres possesseurs. Entre deux, — abstraction faite de la petite république nègre de Libéria — l'Afrique centrale, sous les tropiques est partagée sous la protection de différents drapeaux en unités qui vont d'un extrême à l'autre et de l'immensité des grandes colonies à l'exiguïté des petites, — les unes et les autres étant administrées par six États coloniaux européens. La France, qui a su se créer au nord-ouest un domaine d'un seul tenant, et qui possède en outre une partie considérable de l'Ouest central et Madagascar, dispose des territoires les plus étendus. A l'est et à l'ouest, l'Angleterre détient des contrées particulièrement précieuses. Le Congo belge couvre une superficie qui est quatre-vingts fois plus grande que celle de la métropole. Le Portugal conserve les restes de son empire africain, Angola et Mozambique, qui, comparés à la mère patrie, forment des territoires d'une grandeur hors de toute proportion. Les possessions espagnoles du golfe de Guinée semblent disparaître en comparaison. De notre côté, nous possédons dans l'Afrique centrale les protectorats de l'Est africain, du Togo et du Cameroun, dont l'étendue est inférieure à celle des colonies belges et portugaises et, à plus forte raison, à celles des Anglais et des Français.

L'entrée de l'Allemagne dans la politique mondiale a, dans les siècles passés, exercé une action relevant des vieilles méthodes de politique coloniale dans des continents qui ont fini par sortir de l'ère coloniale. Je rappelle à ce propos les entreprises des Fugger et des Welser dans l'Amérique du Sud comme étant les premiers essais pratiques de politique coloniale, ainsi que les négociations qui eurent lieu vers l'an 1665 entre la Hollande et la Bavière au sujet de la cession de New-York, et qui restent attachées au souvenir du mercantiliste Becher. Les raisons justifiant la nécessité qui s'imposait à l'Allemagne de posséder des colonies transmarines, seront exposées ci-dessous ; elles ressortent presque toutes de considérations économiques. Au point de vue de la politique générale, nos buts coloniaux sont d'une nature défensive. La politique coloniale moderne de l'Allemagne reste entièrement limitée à des territoires habités par des races inférieures, à l'Afrique et aux archipels de la Mer du Sud.

Le partage de l'Afrique et de la Mer du Sud, ces deux domaines de colonisation sur lesquels notre intérêt s'est concentré jusqu'à présent, est le résultat d'un développement relativement récent, dans lequel, à côté de droits de possessions périmés, des événements fortuits ont plus ou moins joué le rôle décisif. Nous nous souvenons combien de fois l'audace et l'instinct politique d'hommes entreprenants ont procuré à leur patrie, grâce à la conclusion de sages traités faits avec les chefs indigènes, une avance dans la course dont le prix devait être la possession de territoires africains. *Il ne peut être ici question d'un développement organique.* On ne doit donc pas s'étonner que, somme toute, ce partage soit dépourvu d'un fondement juridique intérieur. Nous voyons des États en possession d'immenses territoires qui dépassent quatre-vingts fois la superficie de la mère-patrie, et qui, par suite du manque d'hommes et de moyens ne peuvent pas être cultivés, du moins dans la mesure sur laquelle compte l'humanité civilisée. La Belgique, la France et le Portugal se trouvent dans une telle situation. L'Angleterre, qui a déjà englobé d'immenses territoires dans les autres continents, a su s'assurer une part également importante de l'Afrique et presque égale à l'Afrique française. De l'autre côté, nous nous voyons réduits à des possessions dispersées et considérablement plus petites. Quiconque souhaite une paix durable et satisfaisante au point de vue de l'équité ne peut pas désirer le maintien du partage territorial actuel de l'Afrique, car ce partage ne correspond aucunement au pouvoir colonisateur et au rapport des forces des nations intéressées.

C'est en vain qu'on cherche des raisons suffisantes pour les frontières qui ont été tracées de fait sur les cartes de l'Afrique et de la Mer du Sud. Comment veut-on justifier devant un tribunal impartial le fait que certains États possèdent des domaines coloniaux qui dépassent la mesure des forces qu'ils peuvent consacrer au développement de ces contrées, tandis que nous autres Allemands nous en sommes réduits à quelques petites possessions éparses, et cela en dépit de l'excédent de nos forces? Cet état de choses contredit un accommodement basé sur le rapport des forces et le pouvoir colonisateur, et pourtant un tel accommodement est la prémisse irréductible d'une paix assurée et durable.

2. Ressorts des politiques mondiale et coloniale.

Quels sont les ressorts de l'expansion transmarine moderne des États civilisés, et jusqu'à quel degré demandent-ils que nous en tenions compte? Tandis que les puissances qui faisaient autrefois de la politique mondiale d'outre-mer sous la forme de politique coloniale autoritaire, entrevoyaient la valeur de leurs possessions situées au delà des mers surtout dans la production de pierres fines, de métaux précieux, d'épices et autres produits semblables, le développement moderne de l'Europe, par suite de l'accroissement rapide de la population et de l'essor des grandes industries d'exportation, c'est-à-dire des phénomènes qui sont les conditions réciproques les uns des autres, a augmenté à un tel point le besoin de matières premières, que celui-ci ne peut être satisfait que par le concours de tous les pays qui rentrent en ligne de compte, de sorte que le devoir le plus impérieux d'une sage politique économique est d'assurer pour l'industrie nationale les territoires producteurs de ces substances. Étant donné l'état de nos conjonctures et notre manque d'indépendance en matière d'économie mondiale, on s'aperçoit bien vite combien il importe pour l'avenir de notre existence économique que nous ayons à notre disposition des territoires qui puissent nous fournir, sinon en totalité, au moins en une large mesure, les matières premières dont nous avons besoin. Jusqu'à présent, c'est surtout des pays étrangers que nous avons pu recevoir celles que nous avons importées. Nos ennemis caressent le projet de nous en priver en nous boycottant après la guerre. J'espère que cette idée ne se réalisera pas, car elle éterniserait le danger de nouvelles complications. Mais cette possibilité doit nous encourager à revendiquer un empire colonial suffisant.

Dans toute l'Europe, sinon peut-être en Russie, c'est en première ligne le sol national qui doit fournir les denrées nécessaires à l'alimentation de la population, tandis que la production des matières premières est confiée en grande partie aux pays transmarins. Et ce n'est pas seulement à l'industrie, mais encore à l'agriculture européenne que les tropiques fournissent des matières premières, en particulier celles qui sont nécessaires pour l'engraissage des bestiaux, et qui permettent qualitativement et quantitativement, de constituer un cheptel d'une haute valeur.

C'est ainsi que l'économie coloniale est devenue un facteur important dans l'existence économique des peuples européens. Sans elle, l'accroissement de la population et, par suite, le puissant développement économique qui forme la base sur laquelle reposent l'économie et la politique mondiales, n'auraient pas été possibles. L'économie coloniale a donc aussi croisé ses fils dans la trame de l'économie mondiale, dont elle est devenue une partie intégrante. Et elle joue un rôle si important dans l'économie mondiale en général, qu'aucun peuple de la terre ne peut y renoncer. Ce serait plutôt le cas contraire qui pourrait se présenter. On peut très bien s'imaginer que, par exemple, l'Angleterre avec toutes ses colonies se trouve un jour dans une situation économique si resserrée, qu'elle pourra renoncer complètement à l'économie mondiale, ce qui indiquerait aussi un certain état de saturation au point de vue de la politique mondiale.

C'est en étudiant la situation dans laquelle se trouve le marché mondial du coton que l'on découvre le mieux la haute importance que l'économie coloniale a prise pour l'économie mondiale. Le coton fournit plus de la moitié de toutes les matières textiles dont les hommes ont besoin. Les États-Unis occupent dans la production de ces matières une position qui équivaut à un monopole, puisqu'ils fournissent plus de la moitié de la production du monde entier. Les États industriels de l'Europe, qui ne cultivent pas eux-mêmes le coton, dépendaient donc entièrement de l'Amérique, et cherchaient un remède contre ce mal. L'Angleterre, l'Allemagne et la Russie étaient les plus grands consommateurs de coton. L'Angleterre chercha à recouvrer son indépendance vis-à-vis de l'Amérique en introduisant aux Indes et en Égypte la culture du coton, et la Russie en faisant de même dans ses colonies de l'Asie centrale. Les autres États restèrent dépendants des territoires productifs de l'Amérique; ce fut en particulier le cas de l'Allemagne qui tire de l'Amérique les 80% de ce dont elle a besoin pour sa propre consommation. L'Amérique ne consent naturellement à exporter le coton qu'en tant qu'elle n'en a pas elle-même besoin pour son industrie. Or, pendant la guerre, sa consommation a considérablement augmenté. Le nombre des broches s'est accru à un tel point que la plus grande partie de la production est employée dans le pays. On peut donc prévoir que les États-Unis continueront à marcher dans la voie du progrès, car cette hypothèse résulte non seulement de l'exportation croissante des produits fabriqués, mais encore du fait que des teintureries ont été fondées à côté des filatures. Comme la superficie cultivée ne peut s'agrandir par suite du manque d'ouvriers, on peut compter qu'à l'avenir, l'Amérique, si même elle le voulait, ne pourra plus couvrir les quantités de coton dont l'Europe a besoin. Nous serons donc obligés d'acheter aux États-Unis les produits de l'industrie du coton, ce qui entraînerait la ruine de notre industrie textile et le chômage de ses millions d'ouvriers, si nous ne disposions pas de nos propres territoires productifs. C'est ce que nous pouvons réaliser en Afrique, où nous possédons des contrées qui s'y prêtent et qui nous suffisent. En effet, on a commencé déjà avant la guerre à créer des plantations de coton dans l'Afrique centrale; et l'administration coloniale allemande n'a reculé ni devant la peine, ni devant les frais pour développer cette culture dans nos colonies où, malgré la brièveté du temps, elle a remporté des succès qui promettaient.

Cet exemple montre quelle importance cette seule branche de l'économie coloniale a prise pour l'économie mondiale, et à quels dangers on aboutirait si l'on ne parvenait pas à résoudre le problème du coton.

Sous la pression des circonstances, certes, l'Allemagne a réussi à remplacer par des succédanés les substances textiles dont elle a besoin, et cette industrie qui remplaçait celle qui nous manquait, nous rendra encore des services après la guerre; cependant, nous ne pouvons pas nous passer du coton.

Si notre approvisionnement en matières textiles avait besoin d'être amélioré, celui en substances oléagineuses l'exigeait aussi. Dans l'intérêt de la production de denrées alimentaires, les cultivateurs allemands avaient dû restreindre la culture des graines oléagineuses. Nous étions donc forcés d'importer annuellement des quantités considérables de substances oléagineuses brutes, en grande partie des contrées tropicales, où, sous l'influence du soleil, les fruits de cette sorte sont très oléifères. Nos anciens protectorats nous en fournissaient encore très peu. C'est pourquoi notre industrie de l'huile déjà très florissante était forcée d'importer les matières brutes des colonies étrangères. L'Ouest africain britannique nous fournissait en particulier les noix de coco, qui étaient employées de diverses manières dans notre industrie. Et c'est justement à propos de cette matière première que nous avons l'occasion de voir dans quelle situation nous nous trouverons si nous ne cherchons pas à étendre notre expansion économique dans nos propres colonies. Il faut savoir que l'Angleterre a mis pendant la guerre un droit d'exportation de 2 livres sterling par tonne sur les noix de coco de ses colonies africaines, et ce droit perçu n'est remboursable que lorsqu'on peut prouver que les noix ont été travaillées en Angleterre. Tandis que l'Angleterre n'était pas en état autrefois de travailler de grandes quantités de ces noix et les laissait à l'industrie allemande, il existe aujourd'hui, surtout près de Hull, de grandes huileries qui sont en pleine activité. Notre industrie de l'huile se trouvera par conséquent dans une situation précaire, si nous ne parvenons pas à l'approvisionner d'une autre façon après la guerre. Cet exemple montre clairement combien notre situation économique mondiale était peu satisfaisante jusqu'ici, et combien il était et il est désirable pour nous que nous l'améliorions grâce à nos colonies. Le but bien arrêté de l'Angleterre et de l'Amérique est de s'assurer de toutes les matières premières sur leur propre sol afin de ne plus dépendre des autres pays. Ces deux puissances cherchent à exclure le reste du monde du marché de ces substances, l'Angleterre en exerçant sa domination sur les routes de commerce, et l'Amérique en mobilisant ses matières premières et ses capitaux comme autant de moyens de lutte mis en commun.

De même qu'au point de vue des matières textiles et des substances oléifères, notre situation est semblable quant aux autres matières premières. L'Amérique, qui les exportait avant la guerre, les importe déjà et exporte des produits manufacturés. C'est justement chez nos adversaires que nous pouvons reconnaître quels avantages l'économie publique d'une nation peut tirer de colonies capables de beaucoup rapporter. Ajoutez à cela que dans les territoires qui produisent des matières premières, on s'efforçait déjà avant la guerre à transformer ces substances en articles manufacturés; et je rappelle à ce propos le développement qu'a pris l'industrie du coton aux Indes. La tendance des mères patries de réserver à leur propre industrie les matières premières de leurs colonies se réalise en même temps. C'est ce que l'on a pu observer toujours plus distinctement pendant la guerre. L'Angleterre menace ouvertement l'Allemagne de l'exclure des contrées productrices placées sous sa domination. Elle voudrait tout au moins nous empêcher d'acheter directement dans ces contrées et rétablir à son profit un ancien état dans lequel elle s'interpose comme membre intermédiaire entre les pays producteurs et notre économie publique. Ces aspirations, du sérieux desquelles nous ne devons plus douter, nous poussent impérieusement dans la voie des entreprises coloniales, si nous voulons nous maintenir au point de vue économique. C'est déjà ce point de vue qui nous a fait prendre l'initiative lors de l'acquisition de nos colonies et qui, de nos jours, et dans une mesure encore plus large, nous impose la volonté de revendiquer nos colonies, car les propres colonies peuvent seules garantir la pleine liberté économique. Il y a une dizaine d'années, on lisait dans un tract socialiste que « c'est au point de vue économique un non-sens à nul autre pareil de produire à un prix plus élevé des articles que l'on peut acheter meilleurs et à meilleur marché à l'étranger». Aujourd'hui, c'est à peine s'il y aurait un seul socialiste qui, en face de la volonté que nos adversaires ont de nous anéantir, fût d'accord avec l'auteur de cette opinion.

3. Agriculture coloniale.

En économie coloniale, les devoirs essentiels dont l'accomplissement a lieu dans l'intérêt de l'économie de la mère patrie, se trouvent dans le domaine de l'agriculture coloniale, à laquelle nous devons donc consacrer tout spécialement notre attention. Lors même que nous tirions de nos colonies des produits tropicaux en quantité relativement petite, ces produits contribuaient cependant à l'approvisionnement de notre population et de notre industrie. D'État agricole qu'elle était, l'Allemagne étant devenue un État mixte, à la fois agricole, industriel et commerçant, le sol de la mère patrie ne suffisait plus à nourrir une population croissante et à fournir assez de matières premières pour approvisionner notre industrie considérablement développée. Malgré les progrès de notre agriculture, il nous fallut donc recourir à l'importation de matières premières agricoles, et nous devînmes de plus en plus dépendants de l'étranger. Une économie publique plus parcimonieuse aurait certes très bien pu réduire les importations, mais celles-ci étaient une condition préalable de l'augmentation de la population, laquelle faisait monter à son tour le chiffre des importations. Nous voyons, — et nous l'avons senti justement pendant la guerre, — que notre industrie, et tout particulièremens notre industrie textile, ne peuvent pas se développer sans les matières premières importées de l'étranger et surtout des colonies. Notre population est actuellement privée de beaucoup de denrées alimentaires, en première ligne de graisse comestible, et cette pénurie est avant tout la conséquence du fait que nous ne pouvons plus mettre nos bestiaux à l'engrais, faute de denrées éminemment nutritives achetées autrefois à l'étranger.

Si nous pûmes cependant tenir jusqu'au bout, nous en sommes redevables avant tout à notre agriculture, qui a réussi à s'adapter aux demandes croissantes qu'on lui faisait. Nous savons que notre productivité peut encore se développer, et qu'à l'avenir, nous serons certainement en état de nourrir, et même suffisamment, une plus nombreuse population. A cet effet, nous avons besoin d'une abondance d'engrais et d'une main d'œuvre suffisante; nous devons en outre employer un nombre considérable de machines agricoles dans nos exploitations rurales, cultiver nos champs avec le plus grand soin et développer l'élevage de nos animaux et la culture de nos plantes. Actuellement, ces buts sont encore très éloignés. La productivité de nos labours diminue; le cheptel allemand s'appauvrit en nombre et perd en qualité; enfin, la sous-alimentation fait de nouveaux progrès. La guerre finie, nous devrons nous remonter lentement par notre travail et transformer nos méthodes afin de parvenir au but désiré.

Il ne nous manque pas de projets relatifs à la transformation de nos exploitations agricoles; mais en cela, nous ne devons pas dépasser certaines limites. Notre industrie fournira certainement après la guerre de grandes quantités d'engrais azotés à bon marché; nous pouvons donc espérer que, de cette manière, le rapport plus élevé de nos champs et de nos prairies remplacera en partie les denrées alimentaires que nous recevions de l'étranger. En outre, nous pourrons bien agrandir la superficie de nos labours au dépens de nos prairies, mais nous devrons augmenter la culture des pommes de terre, des navets et des légumineuses, ainsi que celle des plantes oléifères, textiles et nutritives, sans diminuer cependant celle des céréales. En outre, nous devrons consacrer tous nos soins à augmenter le plus possible notre cheptel. Mais nous avons besoin pour cela de vastes étendues de terrain. A vrai dire, nous pourrons changer les rapports respectifs de grandeur entre les superficies cultivées en champs, en prairies et en forêts, et compenser en partie le manque de sol en intensifiant nos méthodes économiques; mais nous ne devons pas déboiser nos forêts au delà d'une certaine limite, ni oublier que la mise en culture de landes et de contrées marécageuses coûte beaucoup de temps.

Grâce à l'énergie de nos agriculteurs et au développement de notre agriculture, celle-ci peut fort bien réussir à remplir toutes ces conditions préalables, et à augmenter la production de telle sorte qu'elle puisse subvenir à l'approvisionnement de la population, du cheptel et de l'industrie; mais cela ne se fera pas du jour au lendemain, et nous devons plutôt compter que cela exigera le travail de plusieurs générations. Car il serait pour cela nécessaire de revenir en partie à l'État agricole, ce qui, étant donné le développement inverse qui a eu lieu, ne pourrait s'accomplir que lentement.

Mais qu'adviendra-t-il dans l'avenir le plus rapproché?

L'ancien état de choses ne se rétablira pas immédiatement après la guerre, et les frontières ne s'ouvriront pas rapidement. Nos ennemis nous menacent d'une guerre économique et peuvent au moyen de douanes et de redevances nous empêcher d'importer des produits agricoles. C'est pourquoi il est actuellement de toute nécessité que nous volions de nos propres ailes. Mais nous le ferons pour le mieux si nous reprenons le travail dans nos colonies. Voilà ce qui est pour nous une inéluctable nécessité. Car les colonies peuvent seules nous rendre la liberté économique. Il n'est pas nécessaire pour cela qu'elles nous fournissent tout ce dont nous avons besoin en fait de matières premières. Et même il suffit déjà qu'elles mettent à notre disposition des quantités relativement petites, afin que nous puissions compléter la production du sol allemand et combattre les trusts ennemis.

La tendance de toutes les grandes puissances avant la guerre visait à restreindre la liberté économique en créant pour chacune de ces puissances des territoires économiques fermés. L'Angleterre et la France voulaient les créer au moyen de leurs colonies, la Russie et l'Amérique au moyen de leurs immenses territoires situés dans plusieurs zones géographiques, tandis que le Japon avait l'intention de se saturer en Chine. L'Allemagne doit également s'adapter à ce développement si elle ne veut pas s'étioler.

On entend souvent les adversaires des colonies qui disent: «A quoi nous servent les colonies si une nouvelle guerre nous barre de nouveau la route des mers?» Cela n'est pas juste. D'abord il est très douteux que le cas se présente; et quand bien même il se présenterait, notre situation économique ne serait pas plus défavorable avec des colonies que sans colonies. En somme, c'est pour la paix et non pour la guerre que nous organisons notre existence économique; et en cela, nous ne pouvons plus renoncer à produire, grâce à la force créatrice du soleil des tropiques, les précieux produits dont nous avons besoin.

Wohltmann a dit un jour que nous devons faire de l'agriculture de deux manières, en Allemagne et dans les colonies. Jamais la nécessité de ces «deux sortes d'agriculture» n'a été plus fondée que de nos jours.

Il y a dans les colonies un superflu de terres de labour que le pays natal ne peut nous offrir; ces terres sont même situées dans toutes les zones géographiques; elles sont aussi de toute nature et de toute qualité. Nous ne pouvons pas produire chez nous nombre de matières premières dont nous avons un pressant besoin, comme, p. ex., le coton et le caoutchouc. Les colonies en produisent d'autres à meilleur marché et d'une meilleure qualité, tandis que cette culture ne rapporterait rien en Allemagne et grèverait le sol.

L'agriculture allemande n'a cependant pas à craindre de trouver dans les colonies un concurrent fâcheux. Cela reviendrait à surfaire les possibilités que nos colonies ont de se développer. Depuis trente ans déjà, la colonisation allemande a montré que cette crainte est chimérique. Nous voulons que notre agriculture coloniale devienne le soutien désiré, et non la concurrente mal venue de l'agriculture allemande.

Un soutien, non seulement un fournisseur, mais aussi un acheteur. C'est ainsi que, par exemple, les colonies nous achèteront toujours, après comme avant la guerre, de bon bétail d'élevage. Et si nous avons de nouveau un surplus de population, les colonies engageront des agriculteurs allemands comme employés dans les plantations et nos paysans comme colons. L'agriculture de la mère patrie et celle des colonies doivent se compléter l'une l'autre. De concert avec les agriculteurs allemands, nous voulons travailler dans nos colonies à l'émancipation économique de l'Allemagne. La fondation d'un département colonial dans la Société allemande d'agriculture est la preuve que cette dernière est disposée à collaborer à ce travail en commun.

4. Relations de commerce avec les colonies allemandes et celles de l'étranger.

L'économie coloniale ayant atteint dans une mesure progressive une importance considérable dans la vie économique de tous les États civilisés, il est nécessaire et de bonne justice que tous ces États aient la possibilité de prendre une part directe au développement des territoires coloniaux.

Dans le courant du dix-neuvième siècle, les colonies furent considérées en première ligne comme des établissements ouverts aux émigrés entreprenants qui formaient le surplus des populations de l'Europe. C'était l'époque où, chaque année, un flot d'émigrants quittaient leur patrie, et aussi l'Allemagne, pour se créer une nouvelle existence au delà des mers, — où, par conséquent, les territoires des zones tempérées se trouvaient au premier plan, tandis que les contrées tropicales étaient à peine prises en considération. Cette conception régnait encore au moment où déferla comme une grande vague sur l'Afrique et la Mer du Sud la période de l'occupation, qui amena le partage de la terre. Dans l'intervalle, la question de la colonisation a perdu de son importance, parce que les pays industriels, l'Allemagne en tête, offraient une existence assurée à tous leurs enfants. Nous n'exportons plus des hommes, mais des marchandises. Et nous comptons qu'il en sera ainsi après la guerre. Cependant le besoin de pays à coloniser subsiste encore. Il y a chez nous un nombre permanent d'hommes de valeur qui veulent chercher fortune sous d'autres latitudes et qui, à la première occasion favorable, s'expatrient avec plaisir. Le Sud-Ouest africain peut servir de preuve à ce propos. A ceux-ci se joindront à l'avenir d'autres intéressés, les colons allemands chassés des pays étrangers, la classe des rapatriés. Nous voulons que la voie leur soit ouverte vers une autre patrie où flotte aussi le drapeau allemand. Les expériences que l'Angleterre a faites en temps de guerre et de paix avec ses filles, les colonies, montrent clairement quels grands avantages la mère patrie peut tirer de celles-ci.

C'est à partir du développement de l'industrie dans les grands États de l'ancien monde que, pendant les dernières dizaines d'années, le problème économique dont la solution peut être facilitée par des possessions coloniales, a surgi dans toute son acuité: la lutte engagée pour la conquête des marchés et destinée à ouvrir des débouchés à l'excédent des produits manufacturés. Notre industrie d'exportation dispute la première place à celle de l'Angleterre et de l'Amérique: son dépérissement par suite de la fermeture des marchés serait un coup terrible qui atteindrait notre économie publique et par conséquent tout le peuple. Les ennemis nous menacent aussi de nous exclure de ce domaine. Quand bien même on ne redouterait pas ces menaces, on saurait apprécier la valeur de territoires que nous pouvons nous réserver au besoin. A mesure que s'accroît la production destinée à l'exportation, les colonies deviennent de plus en plus capables de recevoir des marchandises d'importation. C'est pourquoi nous avons le plus grand intérêt à conserver notre empire colonial.

Il ne suffit pas, pour maintenir l'équilibre économique mondial, d'exploiter les colonies uniquement comme territoires productifs; on doit chercher à les transformer en débouchés pour les produits de l'industrie, afin d'assurer à celle-ci les marchés les plus indispensables et de pouvoir payer les produits des colonies. A cet égard, les choses sont relativement simples, étant donné le fait que les peuples primitifs placent presque tout ce qu'ils gagnent en salaires et par la vente de leurs produits dans des marchandises européennes. A peine peuvent-ils faire des économies. C'est ainsi que dans la plupart des colonies le chiffre des importations est à peu près égal à celui des exportations. La quantité des marchandises importées dépend de celle des produits exportés. Toute augmentation de la production a donc pour conséquence une augmentation dans la demande de marchandises.

Déjà avant la guerre, le bilan de notre commerce avec les États coloniaux étrangers était de plus en plus passif. De ce fait, le point le plus faible de notre situation économique mondiale consistait en ce que notre propre commerce colonial était encore très peu développé. Nous payions chaque année environ 3 milliards de marcs pour des produits de pays tropicaux, et nous ne retirions de nos colonies que de quoi couvrir 3% de ce qui nous était nécessaire. L'Allemagne étant devenue une bonne fois un État industriel, il faut bien que nous approvisionnions notre industrie en matières premières, afin d'assurer le salaire de nos ouvriers. La cessation de ces arrivages ou même le plus minime renchérissement de ces produits achetés en masse pourraient entraîner des conséquences inimaginables et néfastes pour notre peuple. Un grand nombre d'ouvriers seraient sans travail, et il ne leur resterait plus qu'à émigrer. On peut regretter le développement de notre économie publique, mais il est impossible de l'arrêter.

Mais le salut ne peut pas venir uniquement de nos colonies. Jusqu'ici, elles n'ont pas été à même de satisfaire à tous nos besoins. A quoi cela tenait-il? Étaient-elles des déserts sans aucune valeur? Ou bien n'avons-nous pas su les développer? Ce n'est le cas ni de l'un ni de l'autre. Nous ne devons pas oublier que nous ne faisons de l'économie publique que depuis trente ans seulement, et avec de grands moyens depuis dix ans à peine, de sorte que les succès réellement obtenus ne l'ont été que dans le courant de quelques années.

Sans faire un grand étalage des chiffres de la statistique, je dirai cependant que ces chiffres nous donnent dans leur progression annuelle un tableau réjouissant de la productivité de nos colonies. L'exportation, p. ex., a été sextuplée dans les dix dernières années. Si nos colonies ne nous fournissaient encore qu'une partie des produits dont nous avions besoin, nous avions cependant le droit d'après les succès obtenus de compter sur une augmentation de notre approvisionnement. Les conditions préalables et naturelles étaient amplement données dans ce cas. Les colonies peuvent faciliter non seulement l'approvisionnement en matières végétales et animales, mais encore en minerais et en minéraux, que les territoires productifs de l'étranger nous fournissaient jusqu'ici. Dans nos précédentes colonies, on exploitait du fer, des phosphates et du cuivre, ainsi que de l'or, du platine et du mica, ou tout au moins il avait été reconnu que l'exploitation en était possible.

Il n'est pas nécessaire que les colonies subviennent à tout ce dont nous avons besoin. Il suffit qu'elle nous en fournissent une partie, afin que nous puissions combattre les buts monopolisateurs de nos ennemis et exercer une influence sur la fixation des prix sur le marché mondial.

Mais si nous possédons un empire colonial suffisamment étendu et fortement constitué au point de vue économique, nous avons aussi le moyen de nous ouvrir une porte sur tous les marchés coloniaux du monde.

Ce fait étant donné, il est donc étonnant qu'un Allemand ait pu exprimer une opinion qui a éveillé un joyeux écho dans les journaux ennemis. Dans un article publié par les «Münchener Neuesten Nachrichten», et qui s'occupait de l'importance de notre commerce tout entier avec l'Angleterre et les colonies anglaises, le professeur Förster exprimait le doute que nous ne pussions pas, à la longue, nous passer de relations économiques avec les deux Amériques et l'Empire britannique et il écrivait les mots suivants: «C'est sur les épaules du colosse britannique que nous avons acquis nos plus grosses fortunes. Grâce uniquement à cette gigantesque exportation, nous avons pu payer les matières premières qui nous étaient indispensables.» Ces mots servirent en particulier d'argument au président de la chambre de commerce australienne, Mr. O. E. Beale, dans une conférence qu'il fit à Londres dans l'Institut royal des colonies. Beale était d'avis que tout Anglais doit se pénétrer de l'opinion du professeur Förster, car elle contient une grande vérité et sollicite fortement la pensée. «Maintenant que nous connaissons, quelle espèce de vieux de la mer nous avons porté autrefois sur nos épaules, les différentes parties de l'Empire britannique ne sont pas disposés à se charger de nouveau du fardeau dont la guerre les a délivrées temporairement.» Ne nous occupons pas de savoir si les différentes parties de l'Empire britannique ont vraiment considéré comme un fardeau l'exportation de leurs produits en Allemagne, à l'instar de Sindbad le Marin portant le vieux de la mer: nombre de journaux venus des colonies anglaises nous disent suffisamment le contraire. L'exposé du professeur Förster mérite cependant d'être rectifié. L'Allemagne n'a pas grandi sur les épaules de l'Angleterre, mais c'est en entravant ses importations dans ses colonies et en permettant en même temps d'en faire venir des matières premières, qu'elle a fini par se trouver dans une position difficile. On pourrait plutôt dire inversément que les Allemands ont contribué à augmenter la fortune nationale de l'Angleterre dans le monde entier et en particulier dans les colonies anglaises en augmentant la vente en Allemagne d'articles de l'industrie anglaise par suite des prix élevés qu'ils payaient les matières premières. Étant donné le chiffre de sa population, l'Angleterre se trouvait dans l'impossibilité de travailler elle-même toutes les matières premières formant la part qui lui revenait dans le monde. Elle pourrait se vanter de nous avoir laissés «grandir» si elle nous avait permis d'élever nos importations dans ses colonies au même chiffre que les exportations qui en sortaient à destination de l'Allemagne. Mais où en sont les choses en réalité? En 1912/13, nous avons reçu, à vrai dire, 339 millions $^{3}/_{4}$ de marcs en produits des Indes anglaises, tandis que le montant de nos exportations en articles fabriqués en Allemagne et vendus aux Indes ne s'est élevé qu'à 140 millions $^{3}/_{4}$ de marcs. Par contre, l'Angleterre s'est assurée aux Indes de débouchés qui lui achètent environ 1 milliard $^{1}/_{2}$ de marcs de ses produits d'exportation, et ne lui fournissent en échange que 828 millions $^{3}/_{4}$ de produits du pays. La part de l'Angleterre dans la totalité du commerce des Indes s'élevait à plus de 6 milliards, c'est-à-dire à 25,1%, tandis que celle de l'Allemagne ne montait, toujours est-il, qu'à 10,1%; mais la part de l Angleterre dans les importations des Indes se chiffrait à 63%, et celle de l'Allemagne à 6,4%. L'Australie nous fournissait des matières premières pour une somme de 300 millions de marcs, et ne nous achetait par contre que pour 80 millions de marchandises. Et dans l'Ouest africain anglais, la proportion était de 134 millions à 17. Nous avons reçu 33% des produits d'exportation de toute l'Afrique centrale, tandis que notre part dans les importations de cette immense région tropicale ne s'élève qu'à 8,7%. Ce rapport de l'importation à l'exportation sert de norme non seulement pour les colonies anglaises, mais encore pour la plupart des États coloniaux. C'est ainsi que la critique de l'assertion du professeur Förster aboutit de nouveau à des considérations générales relatives aux débouchés coloniaux. En dépit de la faiblesse de son expansion économique, toujours est-il que la France s'est assurée pour sa part de 50% de son commerce colonial. L'exportation des colonies françaises à destination de l'Allemagne n'était pas non plus insignifiante; mais l'importation d'articles allemands ne s'y élevait qu'à un petit chiffre pour cent. Les proportions en sont les mêmes au Portugal et dans le Congo belge, dont 90% du commerce revenait à la Belgique. Ces chiffres illustrent clairement l'extrême passivité du commerce de l Allemagne avec les colonies avant la guerre. Il va sans dire que les privilèges douaniers ci-dessus mentionnés ont contribué à préjudicier notre bilan de commerce.

5. Le capitalisme dans les colonies.

Au point de vue de l'économie mondiale, la valeur des colonies ne repose pas seulement sur ce qu'elles sont des territoires ouverts au commerce; à ce titre, elles favorisent la marine marchande, qui est liée au commerce par des relations réciproques. A cet égard, on doit se garder de diminuer l'importance que non seulement nos colonies de l'Afrique, mais encore toutes nos colonies en général ont eue pour le développement de la navigation. Or, c'est justement le trafic qui est le signe le plus distinctement visible de l'économie mondiale. Les colonies qui font du commerce et qui possèdent un arrière-pays économique suffisant sont devenues les piliers du trafic mondial.

Les colonies ont en outre une grande importance par le fait qu'elles empruntent les capitaux disponibles de la mère patrie.

Les tristes expériences que les marchands allemands établis au delà des mers ont faites pendant la guerre, alors que leur commerce fut liquidé et leurs biens vendus à vil prix par les gouvernements ennemis, inspireront à beaucoup la peur de placer de nouveau leurs capitaux à l'étranger. Un nouvel empire colonial allemand fortement constitué doit offrir aux capitalistes allemands la possibilité de placer leurs fonds partout où le drapeau allemand les protège, et où une administration bien organisée garantit le travail paisible de l'argent.

Aux débuts de notre économie coloniale, les grands capitalistes s'intéressaient certainement aux entreprises coloniales, mais le succès ne leur fut pas toujours favorable. La cause principale en était que dans les premières années de notre existence coloniale l'objectivité et l'expérience nécessaires ne présidaient pas toujours à l'emploi de l'argent. Il manquait aussi les personnes qualifiées qui, grâce à leurs expériences acquises dans les colonies, eussent bien su placer les capitaux mis à leur disposition. Mais les choses ont changé dans les dernières années. Des personnes expérimentées, en grand nombre, sont à même de faire travailler et rapporter les capitaux dans les multiples conjonctures que présentent les colonies. Déjà avant la guerre, il n'était pas nécessaire de faire appel à l'intérêt que les bailleurs de fonds avaient pour les colonies, et la situation s'est transformée de telle sorte que les capitalistes la trouvent assez séduisante pour se laisser tenter. Avant la guerre, les capitaux allemands qui cherchaient un placement et qui, voulant rapporter de gros intérêts, ne reculaient pas devant certains risques à courir, étaient considérables et encore en train d'augmenter. Ajoutez à cela que les capitaux étrangers ont moins de possibilités de placement. L'achat, après la guerre, des produits coloniaux et des matières premières les plus importantes et la construction absolument nécessaire d'un réseau colonial de chemins de fer offrira aux grands capitalistes l'occasion de participer largement à ces entreprises. De cette façon, tout notre commerce extérieur sera très fructueux, car les capitaux engagés dans les colonies développent dans la politique commerciale un entrain plus grand que les capitaux placés en Allemagne. C'est ainsi que, par le placement de capitaux dans notre empire colonial, notre économie coloniale et, par suite, notre position dans l'économie mondiale deviendront plus puissantes.

6. Développement économique des colonies.

Notre empire colonial devant nous approvisionner en matières premières et rendre plus puissante notre situation dans le monde économique en se mettant au service de notre commerce et de notre marine marchande, il ne suffit pas que nous utilisions la seule force productive du capital; il faut aussi que nous développions celle du travail. A cet effet, il s'agit en première ligne de mettre à l'œuvre la population indigène, et pour cela, de la placer sous la direction d'une race supérieure, la race blanche. Le devoir du colonisateur envers l'humanité est de stimuler et de diriger la race noire. *L'indigène ne doit pas être considéré par les races supérieures comme un moyen d'atteindre leur propre but, mais comme un être qui a lui-même le droit d'avoir son propre but*; autrement dit, le travail des blancs en Afrique doit aussi lui être utile. Il est donc nécessaire que nos compatriotes travaillent eux-mêmes dans nos colonies.

La colonisation de contrées encore primitives demande à vrai dire du temps et du travail. Les hommes qui ne connaissent pas encore les bienfaits de la civilisation et qui ne savent ni travailler ni comprendre la valeur morale du travail, doivent s'accoutumer à une occupation régulière. On doit développer en eux des besoins dont ils trouvent la satisfaction dans l'obligation du travail. Il faut que leur niveau moral s'élève progressivement, en un mot, que leur nature humaine se développe premièrement. Pour cela, il faut naturellement du temps et de la patience. Ce n'est pas non plus du jour au lendemain que des anciens Germains que nous étions autrefois, et qui dormaient sur des peaux d'ours, nous sommes devenus les travailleurs les plus actifs du monde. Il est vrai que nous n'aurons pas besoin d'attendre aussi longtemps que les nègres soient civilisés, car ils ont dans les Européens de nos jours de meilleurs éducateurs que ceux des anciens Germains.

Mais ce n'est pas seulement la transformation de l'homme qui doit être la base de la colonisation, c'est aussi la transformation de la nature. Et il est aussi difficile de mettre ses dons en œuvre que ceux de l'homme. Il faut déboiser les forêts vierges, dessécher les marécages, faire des routes, construire des chemins de fer. Tels sont, en peu de mots, quelques-uns des travaux qui incombent aux peuples colonisateurs s'ils veulent tirer profit de leurs colonies. Si l'on y réfléchit, et qu'ensuite on compare ce que nous avons réalisé dans notre économie coloniale en Afrique, alors on peut envisager en toute confiance l'avenir économique de notre domaine africain.

Notre apprentissage étant terminé, le développement futur de l'Afrique se fera plus vite qu'il ne s'est fait jusqu'ici. Les voies sont frayées, les méthodes de travail destinées à intensifier la production sont prêtes, et les travaux préliminaires en train. En particulier, la construction des chemins de fer, l'organisation de la navigation fluviale et l'établissement de voies de communication à travers le pays sont déjà fort avancés. En intensifiant les méthodes économiques et en employant des procédés modernes, nous pourrons transformer dans un délai relativement bref des pays primitifs en territoires d'une grande valeur économique. On a déjà commencé à apprendre aux indigènes les méthodes modernes de culture, d'assolement, de fumage et de culture de plantes et les manières de protéger leurs bestiaux contre les épizooties. Dans beaucoup de contrées, ils ont déjà adopté des procédés économiques intensifs et rationels. Après de longues hésitations, on a enfin commencé à remplacer en particulier les ouvriers par des machines. Grâce à l'emploi de ces machines, on a facilité, par exemple, l'exploitation des forêts vierges de cocotiers. Une seule machine mise en action par quelques ouvriers livrant en un jour autant d'huile de palme et d'amandes qu'un indigène en cinq ou six cents journées de travail, l'exploitation de districts plus vastes peut se faire avec le nombre d'ouvriers employés jusqu'ici. L'emploi des machines a été également introduit dans la culture du cacaotier, ainsi que dans la production du caoutchouc, du coton, &c.

On a donc réussi à parcourir une partie de la route du progrès et, en colonisant l'Afrique, à compléter la production de la mère patrie.

7. Les professions libérales dans les colonies.

Avant la guerre, l'Allemagne ne disposait déjà plus d'aucun excédent pour l'émigration, et après la guerre, il s'agira de beaucoup travailler pour renouveler les approvisionnements épuisés et rendre à l'industrie son ancienne prospérité. Le nombre des hommes capables de travailler à ce but a diminué pendant la guerre. Il ne manquera cependant pas de gens qui voudront aller dans les colonies. Nombre de nos anciens colons revenus de Russie ou de pays transmarins n'auront plus le désir de repartir pour l'étranger; et comme on ne pourra guère les employer en Allemagne, ou qu'ils n'en auront aucune envie, ces rapatriés désireront aller s'établir dans les colonies allemandes. Ils seront pour nous les bienvenus, car on peut supposer qu'ils auront le talent de compendre les indigènes et de les traiter de la bonne manière. S'ils sont des paysans, les colonies et les hauts plateaux des tropiques leur seront ouverts. Semblables colonies de paysans ont une grande valeur nationale, et nous ne voudrions pas qu'elles manquassent dans notre empire colonial. Mais l'effort allemand proprement dit doit être d'un autre genre dans les colonies équatoriales. Il faut y créer une classe intellectuelle supérieure dont la tâche est de diriger la population indigène dans la mise en œuvre des forces économiques existant dans le pays. Pour cela, nous devons faire appel à cette foule instruite de fonctionnaires, d'officiers et de médecins, de marchands, de techniciens, de planteurs, &c., dont nous aurons un nombre superflu après la guerre, et qui doivent passer en Allemagne leurs plus belles années dans des positions de second ordre. Il y en a beaucoup parmi eux qui consacreraient volontiers leurs forces à une plus grande sphère d'activité. C'étaient justement ces catégories de personnes qui s'en allaient autrefois à l'étranger, au service duquel elles mettaient leurs capacités et les connaissances qu'elles avaient acquises en Allemagne, la mère patrie ne pouvant leur offrir aucune occupation suffisante. Ce serait donc un gain pour la nation de les caser dans un empire colonial allemand. Nous pourrons ainsi les lui conserver, et elles seront tout particulièrement appelés à resserrer les liens entre la mère patrie et les colonies. Elles nous aideront à accélérer le développement de celles-ci et à atteindre les buts que nous nous y sommes proposés, afin d'augmenter la puissance de notre situation dans l'économie mondiale.

L'administration et le développement des colonies sont entre les mains d'hommes qui ont consacré les meilleures années de leur vie à leur grande tâche, et qui, l'ayant accomplie, rentrent alors au pays. Les colonies offrent donc une sphère d'action à un grand nombre de personnes surtout dans les couches intellectuelles de la mère patrie, que la concurrence croissante empêche de tirer parti de leurs connaissances et de leurs capacités. D'autre part, ils exercent à leur tour une action utile à son tour sur la mère patrie, en tant que, dépourvus de toute prévention, ils y rapportent des vues plus étendues et une sûreté de jugement qu'ils ont acquises hors de l'Allemagne dans des conditions et des circonstances dont le courant ne s'arrête jamais.

II. Coloniser, c'est évangéliser.

La politique coloniale a encore une tout autre face que j'ai à cœur de faire voir clairement. Ce n'est pas seulement pour un intérêt économique égoïste que les États civilisés font au delà des mers l'acquisition de territoires habités par des races inférieures. Une politique coloniale active n'a pas uniquement pour but d'exploiter ces pays selon la mesure des besoins de la mère patrie; elle doit aussi collaborer à la grande tâche qui incombe aux nations civilisées à l'égard des tribus qui peuplent ces contrées, — la tâche de les élever intellectuellement et moralement, de créer les conditions préalables appropriées à leur développement économique ascendant et de leur aider à s'élever à un degré plus haut de moralité. Il ne s'agit pas en ceci de transformer les indigènes en Européens, on n'aurait aucune chance de succès, et l'intention ferait fausse route. Notre but doit être de donner l'essor à une civilisation autochtone d'un degré supérieur. C'est à quoi travaillent pour leur part les missionnaires que l'on laissait libres jusqu'ici de chercher leur champ de travail, et qui le cherchaient aussi sans s'inquiéter du drapeau qui flottait sur le pays.

Le champ des missions, qui promettait une si riche moisson,

est maintenant en friche. Nos missionnaires allemands ont supporté héroïquement leur destin, en égaux de nos braves combattants. Sans peur et en toute fidélité, ils ont tenu ferme à leur poste avancé, et n'ont reculé que devant des forces supérieures en nombre qui les ont repoussés brutalement. Mais jusque dans leur captivité ils supportent avec joie et patience les maux que la guerre leur a causés.

Toutes les fois que l'occasion s'en est offerte, j'ai affirmé hautement que je considérais comme une de mes tâches essentielles de venir en aide aux efforts des missions. Et je voudrais déclarer encore une fois de la façon la plus catégorique combien est importante l'œuvre des missions non seulement pour la diffusion du christianisme, mais encore pour la politique coloniale mise en pratique. La conversion des indigènes, leurs renonciation aux coutumes de leur paganisme et aux aberrations de leur superstition et, par suite, leur éducation à la morale et à la civilisation chrétiennes, telle est la seule voie sur laquelle les peuples qui sont encore à l'état de nature puissent s'élever d'une façon durable et sûre et devenir des membres utiles de l'humanité. Les indigènes représentent en effet le capital le plus précieux de nos colonies : quiconque développe les indigènes au moyen des œuvres de la charité chrétienne, développe en même temps la notion de l'État, et rend à la patrie un service inestimable.

Lorsque la conférence universelle des missions si merveilleusement organisée à Edimbourg se termina en 1910, aucun de ceux qui y avaient pris part ne pensait que le magnifique édifice qui, grâce à la collaboration unanime des représentants de presque toutes les nations, semblait si solidement construit, pût s'effondrer comme un château de cartes quelques années plus tard sous les coups de la tempête déchaînée par la guerre. Et, à plus forte raison, personne ne se serait imaginé que la grande puissance qui s'est toujours plu à jouer le rôle de protectrice des missions dans le monde, — l'Angleterre prendrait l'initiative de détruire l'œuvre que les missions allemandes avaient accomplie dans tout un siècle de travail. Avec la brutalité qui caractérise le peuple anglais, l'Angleterre s'est mise à proscrire et à détruire dans nos colonies et dans les siennes tout ce qui, de près ou de loin, se rattachait à la notion exprimée par le mot «allemand». C'est ainsi que dans la plupart des missions allemandes, non seulement en Afrique, mais encore aux Indes et dans d'autres contrées où les missions allemandes travaillaient à leur œuvre sous la souveraineté de l'Angleterre, les missionnaires furent emmenés en captivité, leurs travaux furent détruits, et les stations livrées en partie au pillage et à l'abandon.

Nous espérions qu'en Angleterre aussi bien que dans les pays neutres on protesterait contre cette atteinte portée à l'œuvre des missions allemandes, mais nous fûmes déçus dans notre espoir. Il y a chez nos ennemis un puissant mouvement hostile à nos missions et qui, la paix conclue, veut les empêcher de reprendre leur œuvre dans les territoires soit français, soit anglais.

Il y a malheureusement aussi chez nous des voix qui ne manquent pas de se faire entendre et qui demandent, que l'on fasse revenir les missions allemandes des contrées étrangères d'outre-mer et que l'on interdise aux missionnaires étrangers de s'établir dans nos colonies.

Mais les gens compétents et les amis des missions dans leur grande majorité, et malgré les événements terribles de la guerre, s'endtiennent après comme avant à leur point de vue, qui seul rend justice au vrai caractère et à la propre conception de l'œuvre chrétienne des missions: «Allez par tout le monde et enseignez tous les peuples!» Tel est le commandement divin des missions. La lumière de l'évangile doit être portée dans le monde entier, et il ne faut s'arrêter ni devant les barrières des langues, ni devant celles des races. Les missions doivent être une œuvre de charité chrétienne, une source intarissable de bonté.

C'est justement pourquoi, dans ces temps affreux de haine générale entre les peuples, elles sont destinées à renouer les liens de compréhension réciproque et de mutuelle estime que l'épouvantable guerre a cruellement déchirés. Je ne veux ni ne peux croire que nos ennemis, qui veulent exclure aujourd'hui nos missionnaires du reste du monde, s'en tiennent encore obstinément après la guerre à ce point de vue aveugle et contraire à l'esprit chrétien.

Chez eux aussi, le sens commun du peuple triomphera de la haine et de la soif de vengeance, et jettera à terre les barrières que la colère a dressées. Les services que les missionnaires ont rendus dans les pays étrangers, et l'œuvre qu'ils accompliront encore après le retour de la paix, sont trop considérables et trop importants pour que nos ennemis veuillent y renoncer de gaieté de cœur.

Aussi longtemps que les brandons de la guerre ne les aveuglaient pas, les pays de l'Entente n'ont pas refusé de reconnaître les mérites de nos missions. Dans le monde entier, on a partout rendu hommage au dévouement silencieux et désintéressé avec lequel nos missionnaires remplissaient leurs devoirs envers leurs supérieurs ecclésiastiques et les autorités gouvernementales, et je suis sûr que l'on saura de nouveau rendre justice à leur œuvre bénie, quand le calme et la paix seront de retour dans le monde, dont les mille blessures saignent encore.

Les missionnaires allemands étaient déjà à l'œuvre dans nos colonies actuelles avant même que nous en eussions pris possession; mais quand le mouvement colonial commença vers 1880, l'idée des missions y puisa une force nouvelle, et l'œuvre des missionnaires y prit un essor imprévu. Au moment où la guerre éclata, treize sociétés de missions protestantes et onze catholiques exerçaient leur action bénie dans nos possessions d'outre-mer.

Je commencerai pour des raisons de fait par les missions catholiques.

Ces missions sont reliées comme des membres au grand organisme de l'Église catholique. Leur chef est donc le Saint-Père, à Rome. Il exerce ses droits et remplit ses devoirs au moyen d'une institution spéciale fondée par le saint-siège, la congrégation de la propagande de la foi. Cette congrégation constitue l'autorité centrale de laquelle dépendent toutes les missions catholiques. L'œuvre même des missions est confiée à des confréries spéciales, soit d'anciens ordres, soit d'associations plus modernes qui, en leur qualité d'organes exécutifs des missions, jouissent d'une grande autonomie et doivent veiller à un fonctionnement régulier de l'œuvre des missions par l'envoi du personnel nécessaire. Elles sont aussi chargées de recueillir les moyens. Le personnel des missions se compose de prêtres proprement dits et de personnel auxiliaire, et celui-ci, de frères et de sœurs des missions, ainsi que d'instituteurs et de catéchistes indigènes. Ces derniers sont également les traits d'union entre les missions et les indigènes. Mais c'est dans quelques-unes seulement de nos missions aux colonies que l'on a commencé à instruire des prêtres indigènes, comme c'est le cas dans d'autres anciennes missions, où ils ont déjà donné des preuves de leurs mérites.

La réglementation des sociétés religieuses et de la propagande en général rentre dans les attributions des évêques d'Allemagne, qui, secondés par leur clergé, ont considérablement développé les missions, et cela justement dans les dernières années avant la guerre. La faculté catholique de Munster, en particulier, s'est acquis des titres de mérite, car elle fut la première qui organisa des cours scientifiques sur les misssions et créa un séminaire universitaire des missions. Dans ce même domaine, un institut scientifique a aussi son siège à Munster.

Avant la guerre, il y avait en tout 476 prêtres missionnaires, 305 frères lais et 462 sœurs des missions qui étaient à l'œuvre dans les colonies allemandes, y compris Kiaotschou. On comptait dans les 232 stations principales et les 1680 stations dépendantes 166,000 catholiques et 57,000 catéchumènes.

Les missions protestantes de l'Allemagne se trouvaient déjà au début de l'ère coloniale dans un vaste champ de travail qui les absorbait et était en pleine prospérité. N'importe, elles aussi se sont mises à l'œuvre avec ardeur dans nos colonies et elles y ont employé toutes leurs forces.

Au contraire des missions catholiques, les missions protestantes n'ont point d'office central revêtu d'un pouvoir autoritaire. C'est le cas non seulement pour les missions des différents États, mais encore pour les missions allemandes dans leurs rapports entre elles. Cela s'explique par le fait que l'Allemagne protestante est groupée en une série d'Églises nationales et de communautés particulières auxquelles il ne manque cependant pas une organisation qui les englobe toutes. Ajoutez à cela une autre particularité, c'est que les missions sont indépendantes des Églises. Quelques missions font seules exception, comme par exemple la communauté des frères moraves qui, par suite du genre de sa constitution qui n'est pas limitée au point de vue territoriale, peut accomplir l'œuvre des missions à la façon d'un acte ecclésiastique dans des pays étrangers. En général, la diffusion de la croyance évangélique se fait par les soins de sociétés et de corporations. N'étant pas affiliées aux Églises de la mère patrie, elles représentent des organismes indépendants qui ont leur propre administration financière, et dirigent de leur propre chef l'œuvre des missionnaires et les églises pagano-chrétiennes. Cela ne signifie cependant pas que l'existence des missions protestantes se développe sans avoir de contact avec les Églises nationales. Le développement a plutôt suggéré le désir aux autorités ecclésiastiques et aux sociétés de missions de se prêter mutuellement aide et assistance. La propagande infatigable des sociétés de missions en faveur de la foi chrétienne et la conversion à l'évangile exercent aussi dans la patrie une influence fécondante sur la vie religieuse. Les autorités ecclésiastiques en ont conscience; elles ouvrent volontiers les églises aux réunions des missions, elles en propagent soigneusement l'idée en Allemagne dans le catéchisme et le service divin, elles permettent qu'on fasse des collectes dans les maisons et les églises au profit des missions, et soutiennent celles-ci de toute manière.

Au commencement de la guerre, les sociétés allemandes des missions comptaient, y compris quelques ouvriers missionnaires étrangères, 233 stations principales dans lesquelles étaient à l'œuvre 346 missionnaires consacrés, 177 laïques, 12 médecins et 81 sœurs. Le nombre des indigènes baptisés s'élevait à 109,349, et celui des catéchumènes à 72,397.

La première diffusion du christanisme suivit dans beaucoup de cas d'abord les routes de la colonisation juive, et plus tard celles des Romains; au moyen âge, les missions et la colonisation étaient aussi très étroitement liées. Mais c'est à l'époque des grandes découvertes, aux seizième et dix-septième siècles que leurs rapports sont marqués de la façon la plus distincte. La découverte de l'Amérique, de la route des Indes et du cap de Bonne-Espérance tendit la main à la propagation du christianisme dans les pays qui venaient de s'ouvrir. Des franciscains et des dominicains accompagnèrent les hardis navigateurs dans leurs voyages de découvertes et, soutenus par l'autorité de l'État dans la plus large mesure, ils plantèrent la bannière du christianisme dans les pays conquis sur les payens. Et si, en ce qui concerne notre patrie dans son étendue plus limitée, nous retournons à l'époque de l'ère coloniale, à la fin des années de 70 et au commencement de celles de 80 du siècle dernier, le développement que les missions ont atteint dès lors, montre très clairement combien cette œuvre et la colonisation sont liées et en sont réduites l'une à l'autre, malgré les différences de principes dans leurs tâches et leurs buts. Certes, la place du missionnaire est souvent devant celle de l'officier et du fonctionnaire du gouvernement colonial, dans des contrées éloignées et d'un accès difficile, ce qui prouve avec quel dévouement et quelle intrépidité le missionnaire accomplit son œuvre de conversion là même où la protection et le secours des autorités gouvernementales lui font défaut. Cependant aucun missionnaire expérimenté n'hésitera à reconnaître qu'un gouvernement colonial bien organisé est un bienfait et un stimulant pour l'œuvre des missions. Cette autorité veille à la tranquillité et à la sûreté, à l'administration et à la justice; en créant des routes et des moyens de circulation, des chemins de fer et des communications au moyen de la poste et de la navigation, et en prenant en outre des mesures économiques et sanitaires, elle facilite considérablement la tâche des missions, et s'efforce de soutenir celles-ci moralement et d'alléger leur budget en leur accordant des licences de douane ou autres privilèges.

D'autre part, l'œuvre des missions, leur travail infatigable mis au service de la conversion, le fait qu'elles s'occupent méthodiquement de toutes les affaires des indigènes et qu'elles étudient les besoins de ceux-ci, tout cela représente une telle abondance d'efforts directs et pratiques de colonisation qu'aucun gouvernement clairvoyant ne voudrait renoncer à leur précieux concours. Comme l'a dit avec raison mon distingué prédecesseur en charge, Son Excellence Monsieur Dernburg, les indigènes sont vraiment le capital le plus précieux de nos colonies. Mais quiconque a jamais vu les indigènes d'une colonie encore fermée aux colonisateurs et où nul Européen n'a pénétré, et connaît l'état dans lequel elle se trouvait avant d'être en contact avec la civilisation, sait aussi mesurer les difficultés que rencontrent dans leur tâche le missionnaire ainsi que le fonctionnaire préposé à l'administration, quand il s'agit de faire valoir ce capital et de lui faire rapporter des intérêts pour le bien de l'humanité. D'innombrables obstacles attendent le pionnier qui se consacre à cette œuvre, et se met au service de ce but élevé. Quel aspect offre le champ qu'il doit cultiver? Quels blocs de rocher il doit enlever en les roulant, et comme il faut qu'il défriche à la sueur de son front avant de pouvoir répandre le bon grain de l'évangile! Une noire superstition, la vendetta et la guerre ouverte entre les tribus, des sorciers rusés et des charlatans, des coutumes déplorables et cruelles à la naissance des enfants, le manque de toute hygiène, une alimentation insuffisante alternant avec la gloutonnerie, tels sont les blocs de rocher qui recouvrent le champ, les obstacles principaux qui obstruent la route, entravant le développement ultérieur et salutaire des indigènes abandonnés à eux-mêmes, et qui empêchent la force d'un peuple de se déployer et aboutissent souvent au dépeuplement de tribus entières. Une lutte victorieuse contre ces pouvoirs funestes qui dévorent la moelle des peuples à l'état de nature se range parmi les premières et les plus importantes tâches du missionnaire et du colonisateur. Il ne suffit pas pour atteindre ce but de conquérir des colonies par la force des armes et d'imposer aux indigènes la volonté du conquérant. Nous devons aussi nous approprier intellectuellement le nouveau monde dont nous avons pris possession, et dont les habitants ont un caractère différent du nôtre; nous devons nous efforcer de concevoir l'âme des indigènes et nous rapprocher d'eux; nous devons enfin leur enseigner à comprendre pourquoi nous leur demandons de se détourner de leurs anciennes coutumes, car ils doivent se rendre compte, que ce n'est pas par méchanceté de cœur, mais par bonté d'âme que nous les forçons de renoncer à ce qui leur est devenu cher.

Pour pouvoir les diriger, nous devons étudier en détail leurs mœurs, leurs coutumes et leurs notions de droit, apprendre à connaître leur monde, — le monde, tel qu'il se reflète dans la tête de ces êtres humains qui ont vécu pendant des siècles à l'écart, dans l'ombre de la civilisation. Quand nous saurons distinguer ce qui leur est cher et précieux, ce qu'ils considèrent comme sacré ou profane, comme intelligent ou sot, ce qui leur paraît bon ou mauvais, c'est alors seulement que nous saurons aussi pourquoi ils prennent cela pour une chose importante et ceci pour une bagatelle, — alors seulement que nous comprendrons leurs pensées et que nous pourrons réfuter les arguments de leur logique. Des gens peu cultivés ne s'entendront pas d'abord avec eux, parce qu'ils ne savent pas se retrouver dans les pensées d'autrui, et qu'ils considèrent les indigènes comme une vile engeance qu'ils prennent au service de leurs propres intérêts. Ce sont ces mêmes gens qui se servent de mots incongrus à l'adresse des indigènes, et traitent ceux-ci de moricauds, de canaques et de coolies.

En qualité de gouverneur, j'ai passé plus de dix années avec et parmi les indigènes des îles Samoa et j'ai consacré des années de ma vie à leur étude. Tout en tenant compte du désir bien naturel de notre gouvernement d'utiliser les colonies au profit de la mère patrie, je n'ai jamais oublié que nos pays coloniaux sont la patrie d'êtres humains à qui nous avons promis aide et protection, et sur qui nous devons veiller. Tel est le point de vue que, du temps que j'étais gouverneur, j'ai inculqué à mes fonctionnaires, et plus tard, étant alors directeur responsable de notre administration coloniale, je l'ai établi comme principe directif dans toutes nos colonies. Mais il n'y a guère à gagner en déduisant les devoirs du colonisateur des rapports juridiques entre les colonies et la mère patrie et des postulats de la conception du monde chrétien. Celui qui n'a pas vécu des années parmi les indigènes et n'a pas pris sa part de leurs joies et de leurs souffrances, celui dont le cœur ne bat pas pour eux et n'éprouve aucun sentiment charitable envers des êtres humains qui sont à un niveau plus bas, et dont les pensées et les sentiments diffèrent des siens, — celui-là ne pourra jamais comprendre la joie et l'enthousiasme avec lesquels le colonisateur de profession et le missionnaire vont à leur travail. C'est dans cet ordre d'idées que les paroles que j'ai répétées à tant de reprises au Reichstag et dans des assemblées publiques deviendront claires: *coloniser, c'est évangéliser.*

La façon de traiter les indigènes est un art difficile dans lequel le missionnaire est l'associé et le collaborateur fidèle du gouvernement colonial. Il livre à celui-ci, sans se lasser, des documents précieux pour l'étude psychologique des indigènes, qu'il prépare par sa doctrine et son enseignement à comprendre les mesures que le gouvernement doit prendre dans l'intérêt des indigènes et pour le maintien de l'ordre et de la tranquillité, ainsi que pour le développement du pays au point de vue sanitaire et économique. Le missionnaire exerce une influence sur les indigènes non seulement en leur prêchant sa doctrine, mais encore en leur donnant son propre exemple. S'il a organisé sa vie parmi eux et qu'il ait réussi à gagner leur confiance, il commence à leur donner un enseignement qui, de même que le catéchisme, ne doit pas être négligé, celui du travail pratique. C'est ce qui a lieu en première ligne dans les établissements économiques qui ont été créés dans toutes les stations des missions.

C'est là qu'on montre aux indigènes comment on cultive le sol avec des outils mieux appropriés à ce but, comment aussi on l'amende et on l'utilise convenablement. Il faudra créer alors des écoles spéciales d'agriculture, de l'industrie et des métiers, dans lesquelles tout indigène désireux d'apprendre aura des leçons dans les différentes branches de l'enseignement. Et en lui apprenant méthodiquement à travailler d'une façon réglée, on atteindra un double but. Tout d'abord l'entretien de la vie des indigènes s'améliorera, car eux-mêmes apprendront à tirer un meilleur parti des riches trésors que la nature met à leur disposition. Puis, en s habituant peu à peu à des besoins un peu plus élevés, ils essayeront eux-mêmes de se procurer par le travail de leurs propres mains les moyens nécessaires à la satisfaction de ces besoins. De cette manière, le planteur blanc trouvera parmi eux les ouvriers dont il a besoin à son tour pour son travail, et il pourra écouler ses produits comme il le voudra grâce à l'esprit d'initiative et aux achats plus nombreux des marchands.

Les missions ne se contentent pas de transformer d'une façon purement mécanique les indigènes en bons ouvriers pour les travaux des champs et des plantations et en artisans qui sachent leur métier, ils ne négligent pas non plus d'élever le niveau moral et intellectuel de ces êtres primitifs. Les missions protestantes, de même que celles de l'Église catholique, ont, à cet effet, crée un peu partout des écoles, notamment des écoles élémentaires dont le programme correspond à peu près à celui de nos écoles primaires. D'autres, un peu plus supérieures, sont ouvertes aux plus avancés.

En outre, c'est à peine s'il y a des stations de missions protestantes ou catholiques où l'on n'enseigne pas les soins à donner aux malades. Les missionnaires et les sœurs rivalisent entre eux dans l'accomplissement de cette œuvre charitable et désintéressée qui impose tant de sacrifices. Les missions secondent de la façon la plus efficace le gouvernement dans toutes les mesures sanitaires qu'il prend, et en particulier, comme je tiens à le rappeler, dans la lutte contre les épidémies, la lèpre et la maladie du sommeil. Un grand nombre d'hôpitaux , de pharmacies et d'orphelinats, sans compter les sanatoriums et les stations de repos, comme par exemple dans la Nouvelle-Guinée et l'Est africain allemands, tous ces établissements, dont les Européens tirent aussi profit, témoignent de l'action étendue des missions dans le traitement des malades et les œuvres d'utilité publique. Pendant les dernières années avant la guerre, les missions ont pris de plus en plus l'initiative d'envoyer dans nos colonies un personnel d'infirmiers formé par des médecins et connaissant tous les devoirs de leur profession.

La route que les missionnaires doivent prendre est malaisée, tortueuse et remplie d'obstacles, dès qu'il s'agit non seulement de développer les indigènes au point de vue social, mais aussi de les amender au moral, de les dégrossir et de leur faire prendre une part entière aux bienfaits du christianisme. Mais les résultats que les missions ont atteints dans les colonies et au cours des années prouvent que le chemin choisi est le bon. C'est ainsi que la dernière statistique faite avant la guerre indique, pour les missions protestantes 109,349 indigènes baptisés et 72,397 catéchumènes, et pour les missions catholiques 166,001 baptisés et 57,072 catéchumènes.

L'œuvre des missions dans nos colonies a donc à son actif de magnifiques succès, et elle justifiait les plus belles espérances. Le sort de nos colonies a malheureusement décidé également de celui des missions qui y travaillaient.

L'Allemagne a rempli son devoir en prenant fait et cause pour la paix en Afrique.

Nos ennemis ayant commencé les hostilités dans les colonies, celles-ci ont réveillé dans les indigènes les instincts et les penchants que l'on s'était efforcé de réprimer et de déraciner peu à peu pendant les dernières dizaines d'années en s'occupant paisiblement de la population. Ces hostilités doivent ébranler considérablement la croyance qui considérait les Européens comme les porteurs de la civilisation. Les succès remportés jusqu'ici dans la colonisation de l'Afrique et le relèvement de sa population sont devenus douteux. Les millions que l'œuvre chrétienne des missions a coûté dans l'Afrique centrale, ont été sacrifiés en vain. La position de la race blanche a été ébranlée dans ses fondements par les procédés contraires au droit des gens et aux traditions coloniales de l'Afrique, procédés que les Anglais et les Français employèrent pourtant contre la population civile allemande dans nos colonies.

Toute la responsabilité en retombe sur l'Angleterre et la France devant le tribunal de l'histoire universelle.

Aujourd'hui, nous ne voyons que des ruines sur le champ des missions allemandes dans nos colonies. L'influence dévastatrice de la guerre européenne transportée aux colonies et l'emploi ignominieux pour la race blanche de soldats de couleur sur les différents théâtres de la guerre ont considérablement aggravé le travail colonial appliqué aux indigènes. Le prestige des blancs est compromis; une partie de la population indigène est retombée dans ses anciens errements et se montre insubordonnée. D'autre part, l'admirable résistance de l'Est africain allemand eût été impossible sans la fidélité exemplaire et endurante des indigènes. Celle-ci doit recevoir sa récompense. Par contre, dans les contrées où la population de couleur s'est rendue coupable de graves manquements, nous devrons sévir avec rigueur, mais sans oublier toutefois qu'il faudra soulager bien des misères que la guerre lui a apportées.

L'évêque des missions anglaises de Zanzibar, Msr. Weston,

a fait dans une lettre adressée au général Smuts un exposé inexact de la situation des indigènes dans l'Est africain allemand, dans l'intention de prouver que les Anglais ont l'obligation morale d'en prendre possession. Par contre, les missionnaires allemands, dans un rapport qui m'était adressé, et avec une franchise réjouissante, m'ont exprimé leur jugement fondé sur des expériences qui leur ont coûté tant de sacrifices. Ils ne passent pas sous silence ce qu'il y a encore à blâmer dans l'administration allemande, notamment en ce qui concerne le travail forcé et les punitions; mais ils accordent néanmoins un témoignage d'une haute valeur à la sollicitude allemande et à la justice rendue à toutes les missions, même aux missions anglaises. En leur qualité de représentants tout désignés de l'entretien de la vie des nègres, ils se prononcent en faveur d'un rétablissement de la domination allemande, parce que celle-ci prend soin de la population, corps et âmes. A quelque confession que nous appartenions, nous savons, nous autres Allemands, ce que nous possédons dans nos missionnaires. Si maintenant les Anglais veulent, en principe, expulser des Indes et de leurs autres colonies les missionnaires allemands, ils pèchent contre l'esprit du christianisme et portent préjudice à toutes les communautés qui ont prospéré, grâce aux soins et au dévouement de nos missionnaires et des sœurs de nos missions qui leur ont consacré leur vie. Si pourtant les Anglais les éliminent non seulement de leurs colonies mais encore des colonies jusqu'ici allemandes, où donc les missions allemandes pourront-elles continuer leur œuvre? Le christianisme allemand doit-il être dépouillé de cette possibilité? Peut-on imposer à une nation chrétienne cette renonciation à un des tout premiers et des beaux devoirs de la foi? Si l'Angleterre, qui est la patrie des sociétés bibliques et de l'évangélisation du monde, met les missions au service de la guerre, et qu'elle veuille les monopoliser pour elle-même, elle commet en somme un empiètement sur les droits sacrés de la liberté de la foi.

Quelque considérable que soit leur œuvre, les missions ne cultivent cependant de leur côté qu'une partie du territoire qui représente la grande totalité du devoir et du travail colonisateurs qui doivent être accomplis en commun dans les pays de race inférieure pour les conduire et les rendre utiles à la civilisation et à l'économie mondiales. Ce travail est beaucoup trop grand pour que des associations isolées ou particulières puissent en venir à bout. Il comprend en effet tout d'abord la pacification du pays, puis l'ouverture de celui-ci grâce aux moyens techniques — création de ports, construction de chemins de fer et de routes —, ensuite la lutte contre les épidémies qui sévissent dans le peuple, la maladie du sommeil, la petite vérole et la lèpre, contre lesquelles les races primitives ne sont pas armées, et qui leur coûte chaque année des milliers de victimes, enfin l'assainissement sur une grande échelle des lieux habités et l'approvisionnement des indigènes en substances médicales. Il comprend en outre la construction d'écoles et l'enseignement à donner aux indigènes pour leur apprendre à mieux utiliser le sol afin d'assurer leur alimentation et d'augmenter les produits destinés à l'exportation, ce qui leur procurera les moyens de satisfaire leurs besoins toujours plus nombreux d'articles de consommation La solution de ces devoirs, dont il sera encore question plus loin, ne peut être confiée aux indigènes seuls, Mais ils possèdent le droit de choisir leur propres buts, en tant que les États coloniaux reconnaissent les intérêts bien compris des indigènes et les prennent comme principes de leur action dans les colonies. C'est à notre avis le droit et le devoir de toute nation civilisée de collaborer à cette tâche telle que je viens de la définir. L'Allemagne est à la tête des nations civilisées; aussi avons-nous le droit de réclamer la part qui nous revient dans ce domaine sous la forme d'un empire colonial suffisamment étendu.

III. Explications au sujet de la politique coloniale.

1. Contre la militarisation de l'Afrique.

Un fait qu'il est facile de reconnaître, et que la guerre a du reste prouvé en pratique, c'est que les colonies représentent des figures accessoires mais importantes sur l'échiquier de la haute politique. La situation dominatrice que l'Angleterre occupe dans le monde ne repose pas tant sur les forces de la mère patrie et la puissance si vantée de sa flotte, que sur les possessions acquises dans tous les continents, notamment dans ceux qui, par leur situation, permettent d'influer sur les intérêts étrangers, dominent les grandes voies de communication mondiale ou tiennent en échec les centres de la puissance d'autres États. Je mentionnerai à ce propos toute la chaîne formée par les bases navales de la flotte anglaise sur les routes maritimes de l'Extrême-Orient, du Sud de l'Afrique, du nord de l'Amérique, de Zanzibar et de la baie de la Baleine, et qui nous empêchent de tirer profit de nos colonies comme d'autant de facteurs de notre puissance. Si nous ne voulons pas être écrasés à l'avenir entre les empires immenses de l'Angleterre, des États-Unis et du Japon, nous devons posséder outre mer des territoires étendus qui complètent le territoire que nous occupons en Europe. Abandonner bon gré, mal gré nos colonies à ces empires et à leurs vassaux, la France, par exemple, ce serait renoncer pour l'avenir au droit que nous avons de concourir à fixer les destins du monde, ou tout au moins nous contenter de jouer un rôle subordonné. Nous ne devons pas le faire, et nous ne le ferons pas non plus. A ce point de vue politique nous réclamons même un agrandissement de nos possessions coloniales.

Abstraction faite de leur importance politique, les colonies jouent au point de vue militaire un rôle considérable dans les opérations de guerre de la mère patrie. Ceci m'amène à parler de la question qui, sous la formule de la « militarisation de l'Afrique» est déjà passée au premier plan des discussions grâce aux pratiques de nos adversaires. L'opinion que les colonies sont là pour fournir des soldats a été déjà soutenue autrefois. Mais il a été réservé aux Français d'en faire le principe directif de leur politique d'expansion. Ils ont créé et administré leur empire de l'Ouest africain dans la pensée que, dans une nouvelle guerre préparée contre l'Allemagne, cet empire compenserait l'avance relative que nous assurait l'augmentation de notre population. On organisa une armée de nègres qui, peu après le commencement de la guerre, pouvait déjà faire campagne contre nous et qui, en dépit des émeutes et autres difficultés, a toujours été recomplétée au moyen d'un recrutement forcé.

Lorsque, en 1884 et pendant les années suivantes, le prince de Bismarck préparait la fondation de notre empire colonial, il ne trouva que peu de territoires susceptibles d'être pris en considération pour une acquisition par l'Allemagne. Malgré les protestations de l'Angleterre et les nombreuses difficultés qu'il eut à surmonter, il réussit à placer sous la protection de l'Allemagne la plus grande partie de nos colonies actuelles. Mais ces acquisitions étaient disséminées sur les côtes d'Afrique, sans communications les unes avec les autres et, en partie, dépourvues de frontières naturelles. Dès le début, le prince de

Bismarck se rendit compte qu'en cas de guerre avec l'Angleterre ces domaines ne sauraient être défendus sur place. Dans son idée, l'Allemagne devait défendre ses colonies sur le continent européen. Il pensait que la politique allemande, pourvu qu'elle fût bien conduite, disposerait de moyens suffisants pour enlever même à l'Angleterre toute velléité de mettre la main sur les colonies allemandes. Par conséquent, ni à l'époque où le chancelier de fer présidait aux destinées de l'Allemagne, ni plus tard, on n'a rien fait pour doter les pays de protectorat allemands de forces militaires qui les eussent mis à l'abri d'une attaque de la part de l'Angleterre. Au Togo, dans la Nouvelle Guinée allemande et à Samoa, on ne forma pas même de force de police. Dans les grandes colonies allemandes de l'Est et du Sud-Ouest africain, ainsi qu'au Cameroun, on organisa, il est vrai, des troupes de police, mais leur effectif ne devait pas dépasser le chiffre jugé nécessaire pour réprimer les révoltes des indigènes et pour combattre la traite des noirs. Ce point de vue a été exposé, à plusieurs reprises, par le Gouvernement impérial au courant des débats du Reichstag, et le Reichstag y a adhéré. Si donc, dans cette guerre, où l'Allemagne voit se dresser contre elle les forces armées du monde entier, les colonies allemandes ont été envahies par des troupes ennemies supérieures en nombre, il ne nous reste qu'à nous résigner à ce fait regrettable et douloureux. Pour pouvoir protéger d'une façon efficace les colonies allemandes contre les attaques des Anglais, il nous aurait fallu y stationner des forces qui étaient indispensables pour nous défendre en Europe.

Nous n'avons pas pris part à la militarisation des colonies qui s'est produite avant la guerre. Les troupes de police peu nombreuses que nous entretenions, ne servaient qu'à sauvegarder l'ordre et la tranquillité à l'intérieur de nos colonies. Nous nous proposons bien de persister dans cette politique, non par faiblesse de principe, mais parce que nous la croyons seule compatible avec la tâche qui incombe à une colonisation appelée à donner des résultats pratiques. Tel a été mon point de vue dans le passé, et tel il restera à l'avenir, ainsi qu'à plusieurs reprises déjà je l'ai déclaré avec toute netteté en face d'insinuations anglaises qui nous imputaient l'intention de transformer l'Afrique en un vaste camp militaire, d'où nous partirions pour la conquête des pays de nos voisins. Quant aux intentions contraires des autres puissances, des Français en particulier, le mieux sera de les prévenir par un partage de l'Afrique établissant dans ce continent un équilibre qui en cas de conflit neutraliserait les forces des adversaires.

L'Allemagne n'a jamais eu non plus l'intention qu'on lui attribue d'attaquer le Sud africain anglais. Au contraire, l'Allemagne a toujours été d'avis que dans l'intérêt du prestige de la race blanche une guerre européenne ne devait pas être transportée en Afrique.

Que le Gouvernement allemand n'ait nullement eu l'intention d'attaquer le Sud africain, c'est ce qui ressort du fait que la troupe de police du Sud-Ouest, qui pendant l'insurrection des indigènes en 1904—1905 avait été portée à plus de 10,000 hommes, avait été réduite à moins de 2,000 hommes. Cet état des choses était parfaitement connu dans le Sud africain britannique. Un aide-mémoire anglais fort répandu, «*The Statesman's Yearbook*», dans son édition de 1914, page 925, indique très exactement le nombre des soldats et des agents de police existant dans le Sud-Ouest. Lors de l'entrevue que j'eus en 1912 avec M. Botha, premier ministre de l'Union de l'Afrique du Sud, je trouvai cet homme d'État exactement renseigné sur l'effectif de nos troupes de police. Voici ce que j'ai noté à ce sujet dans mon journal:

«Ensuite Botha en vint à parler des indigènes du Sud-Ouest

et de la possibilité d'une nouvelle insurrection. Je mentionnai alors le désir exprimé par une partie de notre Parlement de voir réduire l'effectif de la troupe de police, mais il me déconseilla vivement, dans l'intérêt du maintien de l'ordre, de laisser tomber le chiffre de l'effectif au-dessous de 2,000 hommes. Il partageait l'avis de ceux qui pensaient qu'on ne peut jamais se fier aux indigènes et qu'il faut se tenir sur ses gardes.»

D'après le même *Statesman's Yearbook*, le Sud-Ouest allemand avait en 1913 une population européenne de 14,816 âmes. Par contre, l'Union du Sud africain comptait, pendant la même année, une population européenne de 1,278,713 âmes, c'est-à-dire près de cent fois plus grande. Le Sud-Ouest allemand ne possédait pas d'artillerie lourde et, en général, son artillerie était peu nombreuse.

L'affirmation d'après laquelle le gouverneur du Sud-Ouest africain aurait pris, avant la guerre, certains arrangements avec Maritz, est inventée de toutes pièces, et nos adversaires n'ont même pas essayé de la prouver.

Il est inexact que dès le début de la guerre les troupes allemandes aient attaqué le territoire anglais à Scuitdrift et à Nakab-Sud. La vérité est que des Anglais postés, près de Scuitdrift, dans une île du fleuve d'Orange ont envoyé des projectiles sur le territoire allemand, et que les Allemands n'ont fait que riposter. L'attaque s'est produite du côté anglais, non du côté allemand. Quand à la seconde localité, Nakab-Sud, elle ne se trouve pas en territoire anglais, mais bien en territoire allemand!

Comme preuve que Nakab-Sud était sur le territoire anglais et que l'occupation de cette localité constituait une violation de ce territoire, le Gouvernement de l'Union du Sud africain a soumis, le 9 septembre 1914, au Parlement de la ville du Cap une carte anglaise où l'emplacement de la localité de Nakab-Sud est marqué sur le territoire anglais. Mais en examinant cette carte, dont un exemplaire authentique est entre mes mains, on constate qu'à l'origine, Nakab-Sud se trouvait inscrit sur le territoire allemand, que cette inscription, après avoir été grattée, a été recouverte de couleur brune, et que finalement la localité en question a été reportée sur le territoire anglais.

Ce faux, qui fut aussitôt découvert au Parlement de l'Union, fournit une preuve irréfragable de ce que l'occupation de Nakab-Sud ne saurait en aucune façon constituer une violation du territoire anglais.

Afin de vaincre l'aversion qu'inspirait au monde boër de l'Afrique méridionale l'idée d'une attaque contre le Sud-Ouest allemand, le gouvernement de Botha s'est efforcé de pousser la population à prendre les armes, en lui faisant accroire, contrairement à la vérité, qu'elle allait avoir à se défendre contre une agression allemande. Depuis, la vérité s'est fait jour et beaucoup de personnes dans l'Afrique méridionale savent maintenant à quoi s'en tenir au sujet de cette prétendue attaque allemande.

Le jour où l'Angleterre déclara la guerre à l'Allemagne fut pour nos colonies un *dies ater*. Nos colons avaient assez d'expérience pour prévoir quels seraient les arsenaux d'où l'Angleterre tirerait les armes pour se rendre maîtresse de nos colonies. Ils savaient qu'à la distance où ils se trouvaient de la patrie, ils ne pouvaient compter sur la protection de notre flotte. Ils savaient qu'ils en étaient réduits à la protection de la petite troupe armée qui avait été créée uniquement pour maintenir l'ordre et la tranquillité parmi les indigènes et pour combattre la traite des noirs. Et pourtant tous ceux de là-bas, fonctionnaires, soldats, colons, tous sans exception, ont «tenu» contre une supériorité numérique et contre des ressources militaires dont la mesure dépasse tout ce qu on a jamais imaginé. Je n'excepte pas les indigènes : ils ont leur large part dans ces louanges. Ils sont venus se ranger loyalement sous le drapeau allemand et ils se sont battus en braves pour notre cause. C'est là la meilleure preuve que l'Angleterre n'a pas besoin de protéger les pauvres indigènes et de les sauver de la «brutalité» des barbares allemands.

La capitulation de la grande colonie du Sud-Ouest africain, bien qu'elle eût lieu avec les honneurs militaires, fut le coup le plus terrible qui ait frappé l'administration coloniale pendant cette guerre. Il est impossible de décrire les souffrances et les avanies qu'une partie de nos compatriotes ont supportées et supportent encore comme prisonniers sous le ciel meurtrier de la colonie du Dahomey et pendant le transport d'Afrique en Europe. Le traitement indigne auquel des hommes blancs ont été soumis sous les yeux des nègres, et la mobilisation de la race noire contre la race blanche sont des taches que l'Angleterre ne parviendra jamais à laver. L'Angleterre, qui, dans ses colonies, a pour sujets des millions d'hommes de couleur, que jusqu'ici elle a tenus en respect par le prestige de l'homme blanc, ne tardera pas à apprendre à ses dépens quelle énorme faute elle a commise en laissant insulter, souiller et littéralement fouler aux pieds des hommes de sa propre race. Le peuple allemand, qui, il y a trente ans, répugnait aux entreprises coloniales, a compris avec une rapidité étonnante combien elles lui étaient nécessaires. Il ne faut pas que nous nous laissions décourager de poursuivre notre politique coloniale; le terrible coup qui vient de nous frapper ne servira qu'à raffermir notre résolution de persévérer dans la voie que nous avons reconnue juste et nécessaire.

Quant à la militarisation des indigènes, nos ennemis ne méconnaissent pas le danger qu'elle implique. Mais, dénaturant les faits avec la dextérité qui leur est particulière, ils nous accusent de préparer de longue main la guerre coloniale et tracent un tableau effrayant des violences et des agressions auxquelles le monde aurait à s'attendre de notre part, si nous devions rester une puissance coloniale africaine, et qu'il fût permis au militarisme prussien de donner libre cours à ses fureurs.

Celui qui a joué le premier violon dans ce concert cacophonique est Sir Harry Johnston, le même qui autrefois fut un des plus chauds partisans de la politique de la porte ouverte. Dans le «Manchester Guardian» du 4 juillet 1917, il a osé écrire: «Des ministres allemands encore en fonctions ont dit d'une façon détournée, mais suffisamment claire, que si l'Afrique tropicale retombait sous leur pouvoir, ils en feraient un véritable État d'esclaves, où des millions de noirs transformés en ilotes de l'homme blanc seraient dressés à fournir des armées invincibles et des ouvriers infatigables, afin de mettre au service de l'Allemagne toutes les ressources du continent noir.» Je suis le seul ministre allemand en fonctions qui ait parlé de la militarisation de l'Afrique, et j'ai dit juste le contraire, c'est-à-dire que nous ne voulons pas la militarisation des indigènes de l'Afrique! Le meilleur moyen de prévenir la militarisation, c'est un nouveau partage du continent et qui mette fin à la disproportion existant entre les possessions des différents États, de sorte qu'aucune puissance coloniale ne puisse plus faire venir en Europe des forces indigènes sans s'exposer à dégarnir sa colonie et à la laisser sans défense contre les attaques du voisin. On n'aura que peu d'intérêt à former de grandes armées d'indigènes, du moment qu'on ne pourra plus espérer les employer hors de la colonie, soit en Europe, soit ailleurs. En outre, conformément à la ligne de conduite que nous imposent dans cette question nos principes, nous prêterons notre concours à tous les efforts ayant pour but la réduction des armements militaires en Afrique.

2. Méthodes allemandes et méthodes britanniques.

L'exposé que j'ai donné des raisons politiques, économiques et intellectuelles pour lesquelles une expansion coloniale est devenue pour notre nation une nécessité vitale, renferme implicitement le programme que, d'après moi, doit exécuter l'administration de nos colonies. Nous refusons d'adopter une politique d'exploitation égoïste, qui sacrifierait les intérêts des colonies et des indigènes à ceux de la métropole. Le but que nous nous proposons, c'est l'amélioration de la situation morale, matérielle et intellectuelle des indigènes; c'est l'utilisation des forces économiques des colonies, afin de les faire servir aux besoins du monde civilisé; c'est l'application de principes ayant pour base une justice impartiale. Donc, pas de militarisation, pas de travail forcé, pas d'abus de pouvoir, mais des écoles, des médecins, une éducation faisant aimer le travail, des mesures favorisant les progrès de l'agriculture, enfin des voies ferrées et des routes facilitant l'accès du pays! Ces principes ne sont point nouveaux: c'est d'eux que s'inspiraient, déjà avant la guerre, les méthodes que nous appliquions dans nos colonies au traitement des indigènes. Le résultat en fut l'attitude observée par eux pendant la guerre: à très peu d'exceptions près, ils sont venus se ranger fidèlement de notre côté. Cela n'empêche aucunement la propagande ennemie, ni d'exploiter sans scrupule des incidents datant de l'enfance de nos colonies — incidents comme on en trouve de similaires et en nombre au moins égal dans les annales coloniales des Anglais, des Français et des Belges —, ni de tirer parti de propos hostiles tenus par certains indigènes, ni même d'inventer de toutes pièces des atrocités que nous aurions commises, tout cela afin de faire accroire au monde que nous avons établi dans nos possessions d'outre-mer, au mépris de tout droit et de toute justice, un odieux régime de terreur. Qu'importe à nos ennemis la vérité! Ils spéculent sur l'ignorance et la crédulité des masses, ce qui leur permet de négliger les nombreuses voix qui autrefois et jusque dans les rangs de leurs propres compatriotes ont témoigné en faveur de nos méthodes de colonisation et de leurs résultats. Les calomnies que, dans un but qui n'est que trop clair, on déverse sur nous à larges flots, se répandent dans les pays de nos ennemis sans que rien puisse les arrêter, de sorte qu'on éprouve une véritable surprise quand, par hasard, on rencontre des gens qui respectent la vérité, comme p. ex. l'Américain Gibbons dans le livre qu'il a publié l'année dernière sous le titre «The New Map of Africa». Malheureusement, nous sommes à peu près sans défense contre ces calomnies, car il nous est impossible de nous faire entendre des populations des pays alliés et même des neutres pour leur prouver l'inanité des accusations qu'on porte contre nous.

Les groupes d'intéressés qui, en Angleterre, s'acharnent le plus contre nous dans cette campagne de calomnies, abusant de la phraséologie humanitaire, et racolant aussi, par-ci par-là, quelques convictions philanthropiques sincères, sont formés précisément par les partisans les plus ardents de la «mise en valeur» des colonies.

Tout ce que les Anglais, dans le courant d'une campagne de presse soutenue pendant des années, ont reproché — avec raison — aux Belges, maintenant leurs alliés, toutes les atrocités dont on accusait Léopold de Belgique et son Gouvernement du Congo, tout cela, on le réédite maintenant pour le retourner contre nous. Que de variations, des plumes anglaises, françaises et même belges n'ont-elles pas exécutées sur ce sujet: la conscience des nations civilisées se révolte à l'idée qu'il puisse être permis aux Allemands d'appliquer de nouveau aux indigènes leurs odieuses méthodes d'exploitation et d'extermination! On nous sert sous un nouveau titre et dans une nouvelle reliure les publications de la Ligue du Congo. Ces accusations sont aussi peu neuves que peu fondées; ceux de leurs auteurs qui connaissent notre action coloniale, les répandent tout en sachant fort bien que ce sont là autant de mensonges. Nous n'avons, en effet, à craindre la comparaison avec aucune autre puissance coloniale, y compris l'Angleterre, et nous sommes en droit de repousser énergiquement les incriminations de nos ennemis et les déductions qu'ils en tirent.

Nous n'avons, certes, nulle envie d'imiter l'exemple de nos ennemis et d'entreprendre à notre tour une campagne au sujet des horreurs dont ils se sont rendus coupables. Si nous avons tant — peut-être trop — tardé à rendre publics les faits qui sont venus à notre connaissance, ç'a été afin de ne pas contribuer, pour notre part, à envenimer davantage l'épouvantable haine qui divise les peuples. Mais aujourd'hui je ne crains pas de faire cette déclaration — et je la prouverai —: Si l'esprit dans lequel l'Angleterre a gouverné ses colonies pendant cette guerre, devait être pris comme critérium de son droit à exercer une tutelle sur des peuplades de couleur — critérium que bien certainement je n'admets pas, — il serait à exiger que l'Angleterre livre toutes ses colonies et les place sous un contrôle international. Mon accusation se fonde sur des documents irréfutables. Je ne cite que des faits établis par des enquêtes anglaises, et des actes officiels dont on peut déduire les principes qui, depuis la guerre, dirigent la politique coloniale de l'Angleterre.

Je mentionne un rapport du gouverneur de Ceylan, dont le «Manchester Guardian» du 2 nov. 1917 publie un court extrait, et qui concerne des mesures prises par les autorités locales anglaises afin de réprimer des troubler qui avaient éclaté à Ceylan au printemps de l'année 1915. Dans ces troubles qui, en vérité, avaient pour origine des querelles religieuses entre Maoris et

Singalais, on prétendit voir une révolte contre la domination anglaise et l'on eut recours à une répression impitoyable. Longtemps après que tout fut rentré dans le calme, on continua à fusiller des Singalais sans les avoir soumis au moindre interrogatoire. Dans aucun des cas examinés par la commission d'enquête, la peine capitale n'aurait pu se justifier par les dispositions de la loi martiale, et moins encore par celles des lois pénales ordinaires. Des détachements armés parcouraient le pays, attaquaient les villages et sévissaient contre la population, au point que le rapport officiel déclare que le commissaire du Gouvernement paraît avoir cru qu'il avait pour mission d'introduire dans son district, avec la loi de lynch, les usages et les mœurs en vogue dans le *Wild West* américain. Ce qu'il y a de plus caractéristique dans cette affaire, c'est que, pour toute punition, les organisateurs officiels de ces massacres ont été relevés de leurs fonctions de juges de paix, bien que, comme dit le rapport, leur conduite ait été «dégoûtante et abominable». C'est donc ça, demande le «Manchester Guardian», cette justice dont on prétend qu'elle est le fondement de l'Empire britannique? Et le journal continue: «Là où de si grandes injustices ont pu se commettre, on a tout lieu de supposer qu'il s'en est commis bon nombre de moindres».

Pour le cas où le Gouvernement anglais réclamerait pour les indigènes des colonies allemandes le droit de disposer d'eux-mêmes, nous demanderons, ainsi que je l'ai déjà annoncé au Reichstag, que les habitants de Ceylan soient consultés sur la question de savoir s'ils veulent rester sous la domination anglaise. Je suis aussi sûr de la réponse qu'ils donneraient que je le suis du résultat qu'aurait un plébiscite organisé dans l'Inde et à Singapore, car ces contrées aussi ont été soumises pendant la guerre à un épouvantable régime de sang. Qu'il ne s'agisse pas ici de faits isolés, mais d'un changement complet des principes et des méthodes dont jusqu'ici s'est inspirée la politique coloniale de l'Angleterre, c'est ce qui est prouvé par des décisions significatives prises à Westminster.

Les Anglais considéraient autrefois — et, je crois, avec raison — comme le second critérium du droit moral d'une nation à prendre rang parmi les puissances coloniales, la conception que cette nation avait des rapports entre les blancs et les indigènes, ainsi que la façon dont elle comprenait ses devoirs envers ses sœurs, les autres nations de race blanche. Sous ce rapport encore, l'Angleterre a changé d'une façon déplorable. Avec un cynisme sans pareil elle a irrévocablement compromis l'autorité de la race blanche en Afrique et détruit chez les noirs le respect sans lequel les Européens ne sauraient continuer à jouer leur rôle de missionnaires et d'éducateurs. Je rappelle les fustigations d'Allemands exécutées sous les yeux et par les mains de nègres, et l'expulsion de nos missionnaires, qui, dans bien des cas, eut lieu avec des raffinements de cruauté et d'humiliation. Ici encore il ne s'agit pas d'actes isolés, commis par des individus quelconques, mais de l'application d'un système et de mesures de guerre dont les effets doivent survivre à la guerre.

De propos délibéré, on a détruit un troisième fondement de la politique coloniale des nations civilisées, fondement qu'autrefois l'Angleterre jugeait nécessaire pour justifier moralement l'action coloniale. Sir Harry Johnston écrivait avant la guerre:

« C'est seulement parce que jusqu'à présent la politique commerciale de l'Angleterre s'est montrée si splendidement *fair* et libérale à l'égard de tout le monde, que tout le monde a permis, sans trop grogner, qu'une population habitant le nord-ouest de l'Europe et ne comptant qu'environ 40 millions d'âmes, se soit arrogé la domination des meilleures parties de l'Afrique, de l'Asie, de l'Océanie et de l'Amérique. Mais un renversement de cette politique, à mon avis, amènerait toutes les autres grandes puissances commerçantes à se liguer contre nous.»

Et c'est là que nous en sommes! La politique commerciale britannique, en effet, s'est renversée. Dans le monde entier, la suzeraineté anglaise d'un pays d'outre-mer était regardée comme une garantie de la sûreté de la propriété et des personnes. Le commerçant allemand surtout, confiant dans la probité commerciale de l'Angleterre et dans l'équité de sa justice, engageait volontiers son application, son intelligence et son capital dans des entreprises domiciliées dans les colonies anglaises. Au début de la guerre encore, plus d'un de nos négociants aurait juré que sous la protection anglaise sa fortune ne courait aucun risque. Les choses ont tourné différemment! En cette matière, le négociant allemand et le monde entier se sont vus forcés de changer d'idées. La liquidation des biens allemands situés dans les colonies anglaises a été effectuée avec une brutalité inouïe et a anéanti des valeurs considérables. Sous prétexte de contrôle officiel, on a mis à profit la loi relative au commerce avec l'ennemi, afin de se soustraire au règlement d'affaires en cours; on a détruit des livres de commerce après les avoir consciencieusement fouillés pour découvrir des secrets de fabrication. Tout cela prouve que le gouvernement qui aujourd'hui détient le pouvoir en Angleterre, fait la guerre dans le but d'anéantir le commerce allemand. Lloyd George, avec sa franchise accoutumée, l'a avoué lui-même.

3. Réponse allemande aux accusations anglaises.

Le but que le gouvernement anglais poursuit ouvertement, c'est d'entraver la développement pacifique du peuple allemand. Tout d'abord l'Angleterre avait hésité à préciser son programme en ce qui concerne ce point. Ce fut peut-être par égard pour l'Amérique, où, pour faciliter la propagande anglaise, on jugeait nécessaire d'insister sur le désintéressement des buts de guerre anglais. Ce qui répandit surtout la clarté sur les buts du Gouvernement anglais, ce fut le discours que, le 16 mai 1917, Lord Robert Cecil prononça à la Chambre des Communes, lorsqu'il eut été interpellé au sujet du programme du Gouvernement russe qui proposait «une paix sans annexions». Je me suis expliqué sur ce discours dès le 7 juin 1917, à Leipzig, et je récapitule ici les points principaux de mon discours. Lord Robert Cecil dit littéralement:

«Nous avons toujours déclaré que nous sommes entrés dans cette guerre sans projet de «conquête ou d'agrandissement impérialiste». Pareil projet n'a existé dans l'esprit d'aucun citoyen anglais (applaudissements) — et je ne pense pas que dans cette dernière phase de la guerre personne ne souhaite rien de semblable.»

Ce sont là, évidemment, des paroles fort rassurantes, mais croit-on qu'il existe un impérialiste anglais qui ne souhaite pas, entre autres choses, que l'Arabie, la Syrie et la Palestine soient détachées de l'Empire turc ? Lord Robert Cecil sait fort bien ce qu'il en est, et comme il est impérialiste et Anglais, il partage ce désir. Mais comment accorder ce désir avec la déclaration que l'Angleterre est entrée dans cette guerre sans projet de conquête et d'agrandissement impérialiste ? Comment faire pour contenter ceux qui désirent détacher ces grandes provinces turques, et, en général, pour réaliser des annexions, étant donné la formule russe: «Point d'annexions» ? Rien de plus facile! Écoutons Lord Robert Cecil lui-même:

«Prenons l'Arabie! L'Arabie a proclamé son indépendance. Je ne sais si cela revient au même qu'une annexion de territoire (Cris: C'est l'indépendance). Personne ne s'avisera de nous proposer d'user de notre influence pour replacer l'Arabie sous la domination turque. Prenons l'Arménie. Je ne sais si l'on se rend bien compte de l'importance de l'Arménie et des crimes dont elle a été victime ... L'annexion impérialiste serait un bienfait pour un peuple contre lequel ont été commis de pareils crimes (Applaudissements). Prenons le cas de la Syrie et de la Palestine. Quoiqu'en Syrie les chiffres soient moins élevés, les faits qui s'y sont passés, sont essentiellement les mêmes. J'avoue que j'hésite à parler contre les annexions si l'on veut dire qu'il n'y a pas de territoire qui, après avoir été pris de force pendant la guerre, ne doive pas être rendu à son premier possesseur. Si c'est là ce qu'on veut dire, je suis certainement dans l'impossibilité d'accepter la formule «Pas d'annexions».

Et voilà comment on explique pourquoi l'annexion des territoires que l'Angleterre convoite pour s'en faire des remparts stratégiques, n'est pas une annexion, mais une œuvre agréable à Dieu! L'érection de remparts anglais est toujours une œuvre agréable à Dieu! La liste des pays à délivrer et à annexer ne s'arrête pas à ces trois provinces turques. Lord Robert Cecil entend prouver que l'annexion des colonies allemandes serait un acte méritoire d'altruisme. Il est intéressant de voir la façon dont il s'efforce de faire cette preuve: à en juger d'après leurs applaudissements, il faut croire que ses auditeurs l'ont trouvée concluante:

«Je ne dis pas que nous ayons attaqué les colonies allemandes pour délivrer les indigènes du mauvais gouvernement allemand. Nous l'avons fait parce que cela entrait dans le plan de la campagne que nous menions contre l'Allemagne. Je ne dis pas que dans toutes circonstances il aurait été juste de faire la guerre pour délivrer la population africaine de la domination allemande. Mais, puisque nous l'avons délivrée, devons-nous la rendre à ses mauvais maîtres ? Voilà une question bien différente et qui mérite un examen sérieux.»

«. . . Si nous réussissons en quelque mesure que ce soit, j'avoue que je frémirais d'horreur à l'idée de restituer des pays qui ont été délivrés d'un pareil gouvernement.»

Je place maintenant à côté des paroles de Lord Robert Cecil le credo politique d'un autre Anglais:

«Tout Anglais vient au monde avec un merveilleux talisman qui fait de lui un des maîtres de la terre. Quand un Anglais désire une chose, il ne s'avoue jamais qu'il la désire. Il attend patiemment que se réveille en lui — Dieu sait comment — la profonde conviction que la morale et la religion lui imposent comme un devoir de soumettre ceux qui ont ce qu'il désire. Il n'est jamais embarrassé pour prendre une pose morale qui produit de l'effet. Comme champion de la liberté et de l'indépendance des peuples, il conquiert la moitié du monde, en prend possession et appelle cela «colonisation». Quand il a besoin d'un nouveau débouché pour sa pacotille, il charge des missionnaires d'annoncer l'évangile aux sauvages. Ces sauvages tuent les missionnaires; vite, il court aux armes pour défendre le christianisme, il combat pour sa foi, il vainc et en guise de récompense divine il prend possession du débouché. Il fait la guerre pour des principes patriotiques, il réduit des peuples libres à l'esclavage pour des principes impérialistes. Ce faisant, il ne remplit que son «devoir». Et il n'oublie jamais qu'une nation est perdue quand elle ne cherche pas son devoir là où il y a à trouver des avantages.»

Il est vrai que ce n'est pas un politique anglais réel qui parle ainsi, mais un personnage d'une pièce de Bernard Shaw. Bernard Shaw et Lord Robert Cecil trahissent tous les deux — l'un sciemment, l'autre involontairement — le grand principe dirigeant de la politique anglaise: faire accroire à la nation et au monde entier que l'assouvissement des sauvages instincts de rapine auxquels elle obéit, n'est pas seulement son droit, mais son devoir.

Je ne nie pas qu'il n'y ait eu, dans l'histoire, des moments — et je pense qu'il peut s'en présenter encore — où des conquérants ont eu le droit de se poser en libérateurs de peuples opprimés, et où cette prétention s'appuyait sur d'honnêtes et fortes conceptions humanitaires. Mais en ce qui concerne la conquête des colonies africaines de l'Allemagne, le geste libérateur est une hypocrisie qui ne prend pas même la peine de se voiler décemment. Ce serait commettre un acte de pharisaïsme contraire au caractère allemand que de vouloir nier que — comme toute nation aux débuts de sa politique coloniale — nous ayons fait des fautes. Nous aussi nous avons eu des mécomptes et nous avons parfois manqué de doigté dans le traitement si difficile des indigènes. Mais il s'en faut de beaucoup que la liste de nos péchés soit aussi longue et aussi chargée que celle des Anglais. D'ailleurs, tout expert en matière coloniale sait que depuis l'entrée en fonctions du secrétaire d'État Dernburg la politique coloniale allemande s'est engagée résolument dans la voie des réformes. L'Est africain aurait-il pu se défendre pendant des années si les noirs n'avaient pas fidèlement tenu notre parti ? S'ils nous sont restés fidèles, c'est que nous les avions traités avec justice et humanité. Des trahisons ne se sont produites que sur la côte du Cameroun, où nos noirs avaient été corrompus par la funeste influence d'une politique indigène s'inspirant, comme dans l'Afrique occidentale anglaise, de principes humanitaires mal compris.

De qui Lord Robert Cecil tient-il ses informations concernant la politique coloniale de l'Allemagne ? S'est-il renseigné auprès d'Anglais compétents en matière coloniale ou ne tire-t-il ses informations que de l'officine de mensonges qui lui a fourni aussi la fable de l'organisation d'un bureau pour l'utilisation des cadavres? A vrai dire, cette bourde monumentale aurait dû le rendre sceptique à l'égard d'une pareille source d'informations. Si, cependant, Lord Robert Cecil a consulté des Anglais à même de le renseigner véridiquement sur nos colonies, il affirme ce qu'il sait être contraire à la vérité.

Avant la guerre, je me suis souvent entretenu avec des gouverneurs de colonies africaines — anglaises et autres — des méthodes à suivre dans le traitement des indigènes. Je sais ce qu'ils pensent de la politique adoptée par nous à l'égard des noirs. Je m'abstiens de nommer les personnages en question, car un mot d'approbation venant d'un Allemand pourrait les rendre suspects de haute trahison. N'avons-nous pas vu soupçonner de ce crime plus d'un patriote anglais, rien que parce qu'il avait du sang allemand dans ses veines? Je me bornerai donc à dire ceci: nous étions tous unanimément d'avis que la condition indispensable d'une saine politique indigène est le maintien de la solidarité de la race blanche.

Cette condition a été anéantie par la politique de guerre adoptée par l'Angleterre. Je possède des preuves que plus d'un gouverneur anglais a été navré, comme je l'ai été moi-même, quand, par ordre venu de Londres, il fut contraint de lancer les noirs sur les blancs, et qu'il dut assister en spectateur impuissant à des fustigations de prisonniers allemands ordonnées par des militaires anglais et exécutées par des nègres. La politique indigène de l'Angleterre n'est pas seulement une grave atteinte à l'autorité de la race blanche, mais encore un tort funeste fait à la race noire. Et ce crime est d'autant plus impardonnable que ce sont précisément les Anglais, si orgueilleux de leur race, qui s'en sont rendus coupables. La voilà bien la liberté que l'Angleterre de Lord Robert Cecil veut apporter aux nègres délivrés de la servitude allemande: c'est la liberté de se faire tuer en combattant pour l'Angleterre contre des blancs.

J'arrive maintenant à une seconde proclamation des buts de guerre coloniaux, contenue dans un discours de l'homme d'État boër Smuts. Il parle d'un autre ton à l'ennemi que Lord Robert Cecil. Il a pour cela de bonnes raisons. Il se dispense de nous injurier, parce que, différent en cela du ministre du blocus, il n'a pas combattu contre l'Allemagne avec les seules armes de la famine et de la calomnie. Il a fait campagne contre nous. Hostis est non inimicus!

Mais l'impérialisme du Boër est, si possible, encore plus universel que l'impérialisme de l'Anglais. Ses paroles font l'impression d'être une paraphrase du mot de Sir Charles Dilke: «*The world is rapidly becoming English*» (Le monde s'anglicise à vue d'œil). Il est cependant bien possible que plus d'un Anglais ait déduit des paroles du général Smuts la conclusion que «Great Britain is rapidly becoming unenglish» (La Grande Bretagne se désanglicise à vue d'œil).

Le rapport que j'ai sous les yeux ne donne pas une idée très claire de la conception que Smuts se fait de l'avenir de l'Afrique. Mais si son discours a été reproduit correctement, lui non plus n'admet pas que l'Allemagne reste une puissance coloniale. Bien que les buts coloniaux de Smuts soient incompatibles avec nos justes revendications, il établit du moins des principes de colonisation que tout colonisateur consciencieux ne peut qu'approuver. Mais il faut dire que ces principes semblent être en étrange désaccord avec les conclusions qu'il en tire.

Le général Smuts exige la sécurité des communications. Nous la réclamons, nous aussi, mais il s'agirait de savoir si Smuts vise une sûreté dont profiteront toutes les nations maritimes et commerçantes, ou si, en se servant de ce mot de «sécurité» il entend seulement répéter sous une autre forme le conseil que Bolingbroke donnait aux Anglais dans sa comédie «John Bull»:

«Plantez un poteau sur chaque côte, sur chaque langue de terre qui s'avance dans la mer, et dites: Voici la frontière de l'Angleterre, jusqu'à ce que parmi les lapins qui gîtent dans les dunes il n'y en ait plus un seul qui doute que partout où sur la terre une chose s'appelle mer, lac, canal, passe, sund, fjord, haff, en un mot: eau, il ne s'agisse d'une propriété anglaise. Car lorsque, le troisième jour de la création, Dieu dit: Que les eaux qui sont au-dessous des cieux soient rassemblées en un lieu, et qu'ensuite il nomma l'amas des eaux, mers, — ce jour-là Dieu créa la Grande-Bretagne!»

Conformément à mes conceptions coloniales, j'ai toujours demandé que les buts de guerre allemands comprennent la liberté des mers. Il est vrai que j'entends par là autre chose que le premier Lord maritime anglais. Si Sir Edward Carson, dans le discours prononcé par lui, le 17 mai 1917, au banquet de la Ligue maritime, compte la liberté des mers au nombre des buts de guerre anglais, il entend par là tout simplement la faculté, pour l'Angleterre, d'abuser, dans chaque guerre et sans restriction, de sa force navale, la connivence de l'Amérique lui garantissant d'une façon permanente l'impunité.

Le général Smuts s'élève aussi contre la formation d'armées composées de troupes noires. Qui cette accusation atteint-elle? Est-ce nous, qui avons voulu observer le traité du Congo et qui avons toujours eu à cœur le maintien de la paix en Afrique? Ne sont-ce pas les Anglais, les Français et les Belges qui ont envoyé sur les champs de bataille de l'Europe des milliers de noirs de toutes les nuances et qui projettent, comme les Français, d'imposer aux indigènes le service militaire obligatoire?

Il est curieux que le général Smuts ne dise pas un mot des projets tendant à militariser l'Afrique et que l'Entente met en exécution depuis le commencement de la guerre. Il se borne à protester contre la constitution d'un empire colonial allemand, parce que, prétend-il, l'Allemagne aurait l'intention d'y former des armées noires, au moyen desquelles elle menacerait la paix de l'Afrique et de l'Europe.

Depuis longtemps ce n'est plus un secret pour personne qu'avant la guerre déjà nous avions conçu le plan d'arriver, par des arrangements à l'amiable, à réunir en un tout nos possessions africaines. Rien ne nous garantirait mieux la sécurité d'un empire colonial ainsi unifié que le ferait l'interdiction réclamée par Smuts de militariser les indigènes. Il est vrai que nous ne saurions admettre que, sous prétexte de détruire le militarisme en Afrique, on désarme nos colonies, tandis que l'Entente imposerait aux siennes le service militaire obligatoire.

Le général Smuts résume en ces mots son programme de politique indigène:

«Seuls, *Fair Play*, la justice et les vertus chrétiennes habituelles peuvent former la base de nos relations avec la population noire.»

C'est là aussi notre but. Je me permets de rappeler ce qui a été dit à la page 41: Coloniser, c'est évangéliser, c'est faire œuvre d'éducateur, et par là j'entends: donner aux indigènes, non pas une éducation européenne, mais développer chez eux une civilisation qui puisse prendre racine dans le sol de leur pays et qui soit appropriée à leur caractère et à leur intelligence.

Je ne dis pas que nous ayons déjà atteint ce but, mais nous avions pris la bonne voie pour y arriver, et nous sommes bien décidés à y persévérer.

Un an après m'être expliqué avec Lord Robert Cecil et le général Smuts, je profitai d'une occasion qui s'offrit lors de l'inauguration du Club allemand de 1914, pour répondre à des attaques récentes dirigées par Balfour contre notre politique mondiale et coloniale. Qu'il me soit permis de reproduire ici le texte du passage de mon discours du 20 août 1918 qui a trait à la politique coloniale:

La guerre exige de l'intellect de chacun de nous des efforts surhumains. La grande lutte sur les différents fronts européens, si près de nous, absorbe toute l'attention de la nation. Le sort de nos colonies était menacé de passer au second plan; même le sort de ceux qui, depuis plus de quatre ans, défendaient un poste perdu avec un rare courage, avec une ingéniosité et une endurance sans exemple, courait risque, je ne dirai pas de laisser notre cœur indifférent, mais d'occuper notre esprit moins que ne l'exigeait la justice. Dans ces circonstances, la presse s'est montrée à la hauteur de sa mission d'éducatrice en réveillant la conscience du peuple.

Je peux dire aujourd'hui que la sauvegarde de notre avenir colonial ne doit plus être considérée exclusivement comme le but de notre gouvernement et de certains groupes d'intéressés, mais qu'elle est devenue un but national. Jusque dans les profondes couches du monde ouvrier s'est répandue la ferme conviction que la conservation de notre domaine colonial est pour l'Allemagne, en sa qualité de grande puissance, une question d'honneur et de vie, et que ce but de guerre ne le cède en importance à nul autre.

Cet accord est d'autant plus réconfortant que jamais les plans des ennemis n'ont été dévoilés aussi ouvertement que ces jours-ci.

Nous venons d'avoir connaissance d'un discours tenu par M. Balfour à la Chambre des communes, qui est une des manifestations les plus significatives de la politique anglaise. Le secrétaire d'État des affaires étrangères annonce formellement l'intention de l'Angleterre de revendiquer nos colonies, et il n'hésite pas à justifier cette annexion par des considérations morales, qui — on le sait — sont indispensables en Angleterre. A cet effet, il ne s'occupe pas seulement de nos méthodes coloniales, mais il se lance à corps perdu dans la haute politique, il scrute de ses yeux de moraliste les quatre coins du monde, et il finit par proclamer la doctrine anglaise, qui revient à dire que l'Angleterre a un droit naturel à la domination du monde, mais que l'Allemagne ne mérite pas d'être plus longtemps une grande puissance.

L'accusation portée par Balfour contre l'Allemagne requiert une réponse. La passer sous silence serait se rendre complice d'odieuses insultes faites à notre patrie. Je vais donc m'expliquer sur les différents points du discours de M. Balfour, tels qu'ils nous ont été transmis par le compte-rendu télégraphique.

Balfour prétend que l'Allemagne intellectuelle est dominée par une doctrine de violence, et par conséquent immorale.

De côté et d'autre, il y a des chauvins et des jingos. De côté et d'autre, il y a des gens qui exaltent ce qui fut hier, et qui attendent avec une terreur imbécile les événements que demain leur apportera. Avant la guerre, ces gens formaient un petit groupe, sans importance politique et sans influence sur le gouvernement qu'ils ne cessaient d'attaquer. Pendant la guerre, leur nombre, en effet, a augmenté, non que les aspirations vers la domination allemande du monde aient poussé chez nous des racines plus profondes, mais parce qu'aux chauvins vinrent se joindre des patriotes d'esprit posé, qu'alarmait la tournure que prenaient les choses. Parmi eux il y en avait beaucoup qui, avant la guerre, voyaient leur idéal dans l'alliance des peuples, dans des relations internationales réglées par la bonne volonté et le *Fair Play*, mais dont la foi politique s'est effondrée à la suite des expériences faites pendant la guerre. A qui la faute, si ce n'est à la mentalité de nos ennemis, cette mentalité qui discrédite et menace de faire avorter la grande idée de la Société des nations en proclamant la guerre économique contre l'Allemagne? «Si nous ne pouvons vous anéantir par la force des armes, nous vous anéantirons par la Société des nations.» Si je croyais que la mentalité qui semble dominer aujourd'hui en Angleterre, qui s'étale dans le discours de Balfour, qui se manifeste dans le procès de Pemberton Billing — si je devais croire que cette mentalité fût destinée à rester à tout jamais celle de l'Angleterre, je préférerais, moi aussi, lutter jusqu'au bout, jusqu'à la mort. Mais je suis fermement convaincu qu'avant la fin de la guerre les esprits s'insurgeront contre l'idée du *Knock-out.* Il faut qu'il en soit ainsi, sinon la réalisation de la Société des nations restera un but de guerre utopique. . .

J'arrive maintenant à ce que Balfour dit des colonies et je cite textuellement:

«Nous avons étendu notre domaine, nous avons pris les colonies allemandes, et je ne pense pas qu'aucun de ceux qui ont vraiment étudié la méthode coloniale allemande, soit surpris que nous disions que l'amélioration est considérable.»

Puis il continue:

«Doit-on rendre ses colonies à l'Allemagne et lui permettre ainsi de créer des bases de sous-marins le long de toutes les grandes routes commerciales, ce qui équivaudrait à lui livrer le commerce du monde entier? La domination des colonies par l'Allemagne signifierait l'établissement d'un pouvoir tyrannique s'exerçant aux dépens des indigènes, et la formation, en Afrique centrale, de grandes armées de nègres.»

Autrement dit: l'Angleterre s'empare d'un pays, prétend savoir l'administrer mieux que son possesseur légitime, et pour cette raison, s'attribue le droit de l'annexer. Avec cette façon d'argumenter on pourrait justifier, une doctrine de Monroe s'étendant au monde entier.

Je me permets de poser les questions suivantes:

Le secrétaire d'État anglais des affaires étrangères ignore-t-il les mesures ordonnées par l'Entente et qui ont eu pour effet de décimer la population indigène de plusieurs colonies d'Afrique? Ignore-t-il les recrutements forcés qui ont eu lieu dans l'Est africain anglais et qui ont été avoués en pleine Chambre des communes? Ignore-t-il l'existence des immenses armées de travailleurs et de soldats qui ont été levées dans les colonies françaises ou anglaises? S'est-il informé auprès de ses collègues de l'Office colonial anglais pour apprendre ce que c'est qu'une guerre faite avec des indigènes contre des indigènes? Soupçonne-t-il seulement le tort immense qu'on cause à la mission coloniale de toutes les nations civilisées en faisant combattre des noirs contre des blancs et en les transportant en Europe?

M. Balfour doute-t-il sérieusement qu'il eût valu mieux pour le sort de toute l'Afrique que l'Angleterre eût respecté le traité du Congo? A-t-il oublié que l'Allemagne est la seule puissance belligérante qui ait expressément accueilli parmi ses buts de guerre la suppression du militarisme en Afrique?

M. Balfour est-il prêt aujourd'hui à promettre la même chose pour l'Angleterre et à rompre avec les méthodes françaises et les projets de M. Churchill? Je n'attends pas de réponse à ces questions. Le discours de Balfour n'avait pas pour but d'éclairer la situation politique. Les élections «khaki» projettent leur ombre en avance! La courte histoire de nos colonies montre que ni en Afrique ni en Océanie nous n'avons fait de politique agressive et que nous n'avons pas voulu en faire. Nous n'aspirons à aucune hégémonie ou prépondérance, nous désirons un compromis entre les puissances coloniales. Ce que nous voulons, c'est que les questions coloniales soient réglées en vertu du principe que l'importance du domaine colonial des puissances européennes doit être proportionnée à leurs forces économiques et au degré dans lequel, au cours de leur histoire, elles se sont montrées dignes de protéger des peuples indigènes.

La supériorité économique seule n'est pas un titre suffisant. Coloniser, c'est évangéliser. Celles-là parmi les nations qui avant la guerre se sont efforcées d'agir conformément à ce principe; qui, dans l'indigène, ont respecté l'homme, — celles-là ont acquis le droit moral d'être des puissances coloniales. L'Allemagne avait acquis ce droit avant la guerre. Le geste libérateur avec lequel on présente l'annexion des colonies allemandes comme une œuvre agréable à Dieu, est un outrage à la Divinité.

Balfour trouve tout naturel de justifier du point de vue de la morale, les instincts rapaces des impérialistes anglais. Il trouve cela même si naturel qu'il ne se rend pas compte du ridicule qu'il y a de condamner tout d'une haleine les prétendues aspirations de l'Allemagne à l'hégémonie universelle, et de confesser ouvertement les projets d'annexion que son propre pays poursuit en Afrique et en Asie.

A la fin du discours du ministre d'État anglais des affaires étrangères se trouve une phrase où il est dit que l'abîme entre les puissances centrales et les Alliés est si profond qu'il ne saurait être comblé. M. Balfour aurait pu aller plus loin: il aurait pu ajouter qu'il a contribué à rendre cet abîme encore plus profond. Permettez-moi d'emprunter au traité de Kant sur la paix éternelle un passage qui pèse comme un lourd reproche sur le monde entier:

« Une certaine confiance dans les sentiments de l'ennemi doit subsister en pleine guerre, parce que, autrement, la conclusion de la paix deviendrait impossible et que les hostilités dégénéreraient en une guerre d'extermination. »

Des discours comme celui de M. Balfour ont précisément pour but de conserver dans les masses les sentiments qui mènent à la guerre d'extermination. Il faut pourtant qu'il vienne un jour où la confiance renaîtra entre les peuples. Il faut qu'il vienne un jour où les hommes, exaspérés par la violence qu'on fait à leur nature, se révolteront contre l'exécrable doctrine de haine qui menace d'étouffer dans leur cœur le sentiment de la solidarité du genre humain. C'est cette réaction que craint Balfour, et c'est justement pourquoi il lance ses accusations, non seulement contre le gouvernement allemand, mais contre le peuple allemand lui-même et contre son caractère.

Dans tous les pays il y a aujourd'hui des groupes et des individus qu'on peut considérer comme les centres de la conscience européenne. Ne pensez pas à des noms déterminés, ni chez nous ni en pays ennemi. Dans ces centres commence à sourdre la conviction que le monde ne sortira des difficultés inextricables où il se débat que si les nations belligérantes reprennent conscience de la communauté de leurs devoirs et de leurs intérêts.

Comment éviterons-nous des guerres futures ? Comment obtiendrons-nous, s'il devait y avoir une nouvelle guerre, que soient respectées les conventions internationales ? De quelles garanties entourerons-nous la sécurité des non-combattants ? Comment empêcherons-nous à l'avenir que les États neutres n'aient à pâtir de leurs sentiments pacifiques ? Comment protégerons-nous les minorités nationales ? Comment réglerons-nous les devoirs communs que l'honneur nous impose envers les races inférieures du globe ?

Ce sont là autant de questions humanitaires brûlantes. Des millions d'esprits les agitent, sous l'impression de souffrances indicibles, d'événements sans précédent. C'est précisément parmi les combattants, parmi ceux qui ont rencontré la mort sur les champs de bataille de tous les pays, parmi ceux qui ont perdu la force, la santé ou la joie de vivre, qu'il y a eu des milliers qui ont trouvé leur sacrifice léger, parce qu'ils n'avaient pas perdu la conviction que de tout cet amas de souffrances, que de toutes ces misères et de toutes ces détresses naîtrait un monde meilleur, qui assurerait à leurs enfants et à leurs petits-enfants la tranquillité et la sécurité, et où les peuples seraient pleins de bonne volonté les uns pour les autres.

Le triomphe de ces buts est certain.

M. Balfour pourra le différer, il ne pourra l'empêcher.

IV. Revendications pour l'avenir.

I. Juste répartition des domaines coloniaux.

La réalisation du dessein anglais de nous déclarer déchus de tout droit à une action coloniale aurait pour effet de rendre utopiques le désir et l'espoir d'un travail commun consacré à l'avenir des colonies, à la reconstitution des valeurs idéales perdues! La guerre continuerait en pleine paix, ce qui veut dire pour l'Afrique, qu'on y en resterait au régime de la concurrence jalouse des puissances coloniales, qui paralyserait nécessairement le développement des forces productives du pays et le relèvement de la race indigène. Dans ces conditions, l'Afrique ne contribuerait pas à assurer la paix durable que tout le monde désire, mais il s'y produirait, au contraire, des frottements d'où pourrait sortir facilement une nouvelle conflagration universelle.

Pour le tableau de l'Afrique tel que je me le figure, il me faut des couleurs plus claires et plus gaies. Je repousse les idées pénibles et pessimistes, dont, à vrai dire, il est difficile de se défendre, étant donné l'attitude de l'Angleterre pendant cette guerre. Il faut que, dans tous les pays, on revienne aux meilleures aspirations du passé, et je ne crains pas de déclarer un pessimiste incorrigible celui qui ne croit pas possible qu'on y revienne aussi en Angleterre. On y reviendra, parce qu'il est indispensable qu'on y revienne!

Si donc j'entreprends de décrire l'avenir de l'Afrique tel que je me le représente, et tel que l'Allemagne doit le souhaiter, non seulement dans son intérêt, mais dans celui de l'humanité, je pars de cette supposition que, dans tous les pays, finiront par prévaloir les conceptions de politique mondiale qui seules peuvent présider à la constitution d'une Europe et d'une Afrique nouvelles.

Par quoi remplacerons-nous l'ancienne répartition? Penserait-on sérieusement à gratifier les Africains du droit de disposer d'eux-mêmes? Allons-nous laisser aux indigènes le soin de s'organiser comme ils l'entendent? C'est une chose absolument impossible et qui ne peut entrer dans le programme d'aucun homme politique sérieux. Ce serait avoir la cruauté de rejeter les indigènes dans l'état d'anarchie où ils s'entre-détruisaient avant la colonisation.

Nous restons donc attachés à l'idée d'une répartition de l'Afrique entre les États européens. On a mis en avant une autre solution, inspirée également par l'impossibilité de retirer de l'Afrique l'administration européenne, et qui propose pour l'Afrique tropicale l'organisation d'un contrôle international. Cette idée d'une administration commune par les États suzerains a des adhérents surtout dans les classes ouvrières de l'Angleterre et elle a trouvé son expression la plus radicale dans le message adressé, en janvier dernier, au peuple russe par le comité parlementaire du congrès des syndicats et par le comité exécutif du parti ouvrier. Je ne pense pas que même en Angleterre une telle solution réunisse une majorité, et pour ma part, je la crois impraticable. Elle supposerait, de la part des États européens, un sentiment de solidarité qu'une longue coopération à des buts pratiques finira peut-être par créer, mais qui aujourd'hui n'existe pas encore.

Certes, les ruines amoncelées par cette guerre feront naître dans les âmes le désir ardent de voir cette solidarité devenir une réalité, et il y aura des conventions internationales qui l'inscriront au premier rang parmi les conditions exigées par l'esprit nouveau. Mais avant qu'on puisse songer à confier aux puissances qui actuellement sont en guerre, voire même à toute l'Europe d'aujourd'hui, l'immense tâche de gouverner en commun et dans un esprit de concorde, des territoires d'outre-mer, il faudra que la conscience internationale se soit développée par la pratique et qu'elle ait fait ses preuves en Europe. On devra donc s'en tenir au principe de colonisation suivi jusqu'à présent, d'après lequel les pays tropicaux étaient répartis entre les États civilisés de l'Europe. Il ne pourra s'agir que de procéder, dans le traité de paix, à une nouvelle répartition. Et pourtant il y a au fond de cette proposition d'un contrôle international, voire même de cette revendication du droit d'auto-détermination pour les indigènes, une idée saine, un grain de vérité! Je voudrais modifier un peu ce mot d'«auto-détermination» et exposer plus au long ce que j'ai indiqué brièvement au chapitre sur le développement économique des colonies (p. 27). On doit reconnaître que les indigènes portent leur but en eux-mêmes, qu'ils ont droit à être considérés par les races supérieures, non seulement comme un moyen, mais en même temps comme un but. Toute puissance qui veut faire de la politique coloniale, doit faire sienne cette thèse formulée par Kant. Nous devons l'adopter, d'abord parce que — disons-le sans crainte — c'est là un postulat de notre conception du monde, parce que notre conscience le veut; et ensuite, parce que notre intérêt national l'exige. A ce sujet, nous aurons, tout comme les administrations coloniales des autres pays, à soutenir une lutte acharnée avec cet égoïsme borné qui élève déjà sa voix en Angleterre. Nous — je veux dire l'Allemagne et tous les autres États européens — n'aurons guère des jeunes gens entreprenants en nombre suffisant pour coloniser l'Afrique, sans parler de la question, non résolue encore, de savoir jusqu'à quel point l'Afrique se prête à une colonisation par la race blanche. Mais l'Europe épuisée aura une faim formidable des produits des tropiques. Cette situation constituera pour certains groupes d'intéressés une forte tentation d'exploiter à outrance les richesses du sol africain, au mépris du bien-être et de la prospérité des indigènes. Une politique sans scrupule pourrait s'attaquer à deux victimes: aux trésors naturels du pays, d'abord, et ensuite aux forces humaines.

La seconde éventualité, qui se rattache étroitement à la première, est la plus dangereuse: de vastes régions de l'Afrique ne possèdent qu'une population clairsemée. Les guerres des tribus entre elles, les famines, les épidémies ont périodiquement décimé et parfois presque exterminé les peuplades indigènes. L'Européen, pour ses entreprises en Afrique, ne pouvant se passer de la main-d'œuvre noire, le développement normal des tribus africaines est de la plus haute importance pour l'Europe. Les frontières africaines actuelles étant dues au hasard, on devra les déplacer en se guidant d'après les intérêts *communs* de l'Europe et de l'Afrique. Le partage devra favoriser les pays qui ont prouvé que dans l'indigène ils respectent l'homme, et qu'ils savent organiser et diriger des colonies. Les revendications allemandes rencontrent de vives résistances. Les possessions coloniales de la France sont beaucoup trop vastes pour les forces économiques de la métropole. Il en va de même de la Belgique et du Portugal. C'est pourquoi nous ne saurions trop insister à ce que l'Afrique soit partagée à nouveau et d après les principes que je viens d'indiquer. On ne saurait tolérer plus longtemps que certains États possèdent d'immenses territoires qu'ils sont incapables de développer et qui par conséquent restent pour l'Europe un capital mort. La répartition que nous réclamons, est donc non seulement dans l'intérêt de l'Europe, mais aussi dans l'intérêt de l'Afrique et des Africains, et sans elle l'Afrique ne saurait remplir ses devoirs envers l'économie mondiale. Une répartition équitable des territoires qui se prêtent à la colonisation, doit se mesurer aux forces physiques des nations colonisatrices, à leurs besoins et à l'intensité de leur vie économique, et aussi aux aptitudes qu'elles possèdent à collaborer à l'éducation et à l'avancement matériel et moral des races indigènes. Nous demandons qu'à la conclusion de la paix on procède à un remaniement des colonies qui réponde mieux à ces principes, et nous sommes convaincus que de cette façon on arrivera à établir dans le domaine colonial un équilibre qui, en supprimant les possibilités de conflits futurs, servira la cause de la paix que nous appelons de tous nos vœux.

Étant donné la part que j'ai prise, dans le passé, aux affaires coloniales, et notamment la ligne de conduite que j'ai suivie dans la question des missions et dans celle du traitement à appliquer aux indigènes, je peux me dispenser d'insister sur le fait qu'aux raisons politiques et économiques viennent s'ajouter des raisons tout aussi importantes qui se rattachent à la civilisation. Nos adversaires sont d'accord avec nous pour penser que la domination établie par les nations civilisées dans de vastes territoires de l'Afrique et de l'Océanie ne saurait être levée sans grave préjudice pour la population indigène, qui retomberait dans le chaos. De là on déduit avec raison la conséquence que les races avancées ont pour tâche de maintenir leur domination à l'effet délivrer graduellement le niveau intellectuel et moral des races arriérées. C'est à la fois le droit et le devoir de chacune des grandes nations civilisées de s'associer à cette tâche humanitaire. Nous n'entendons pas nous dérober à la part qui nous revient dans l'accomplissement de cette tâche, et nous ne saurions souffrir que d'autres États, mal inspirés par la jalousie ou l'envie, entreprennent de nous en tenir éloignés. Nous exigeons que l'Afrique soit partagée à nouveau entre les puissances coloniales de l'Europe, en proportion de leurs forces économiques et de leurs aptitudes colonisatrices, et que disparaisse l'état de possession actuel, qui s'est développé à la suite des hasards de l'Histoire.

2. Égalité des droits en matière d'économie mondiale.

Quel que soit l'aspect qu'offrira à l'avenir la carte d'Afrique, il ne faudra pas que l'attribution d'un territoire à une nation déterminée ait pour conséquence de conférer à la métropole un privilège économique ayant pour effet d'interdire ou d'entraver le commerce des autres États avec ce territoire. La politique coloniale adoptée par une puissance ne devra pas se mettre en opposition avec le principe de l'égalité des droits de tous les pays en matière d'économie mondiale.

Notre but est donc: des colonies nationales, mais la liberté générale du commerce et de l'action économique. Il est déjà réalisé dans des parties considérables de l'Afrique centrale, en vertu du traité du Congo, à la rédaction duquel le gouvernement de Bismarck a pris une large part. Dans la suite aussi, le gouvernement allemand, loin de se départir de sa conception de la politique coloniale, l'a affirmée en refusant d'adopter des mesures protectionnistes concernant les pays de protectorat. Tous les États européens ne se sont pas placés à ce point de vue libéral, qui seul répond à l'équité. La plupart ont fait accorder des avantages spéciaux au commerce qu'ils font avec leurs colonies. La France forme avec l'Algérie une unité douanière et, dans la plupart de ses autres colonies, son commerce jouit d'un régime d'exception. De même, les États-Unis et le Portugal ont obtenu un traitement de faveur pour leur commerce avec leurs colonies, au grand préjudice de celles-ci. L'Angleterre également s'est fait accorder par ses colonies autonomes, des avantages sous forme de tarifs douaniers réduits, tandis que dans les colonies de la couronne elle a admis le régime de la porte ouverte. Par contre, l'Allemagne et la Hollande se sont abstenues de mesures exceptionnelles en ce qui concerne le commerce entre la métropole et les colonies, et traitent ces dernières sur le même pied que les pays étrangers.

Nous acceptons ainsi de nous priver de produits importants que nos colonies pourraient nous fournir et que, parce qu'ils nous sont indispensables, nous sommes forcés d'acheter à l'étranger. On voit par là que jusqu'à présent la politique coloniale de l'Allemagne ne s'est pas inspirée de motifs égoïstes, mais qu'elle s'est appliquée à tenir compte, en Afrique, non seulement de ses propres intérêts, mais aussi des intérêts communs de l'Europe. De même qu'elle a loyalement prêté son concours aux grandes tâches humanitaires, p. ex. à la lutte contre la traite des esclaves et contre l'alcoolisme, elle a toujours été le champion de la liberté du commerce et de la navigation. La politique des États protectionnistes viole le principe de l'égalité des droits de tous les Européens, sans pour cela garantir d'une façon absolue les résultats qu'on en attend. Car le protectionnisme seul ne suffit pas pour rendre plus étroites les relations commerciales entre la mère-patrie et les colonies. L'exemple de la France est là pour le prouver. Il est de fait que l'Allemagne, sans politique protectionniste, a obtenu de meilleurs résultats que la France malgré tous les avantages qu'elle s'est ménagés. Ce qui importe avant tout, c'est l'activité économique de la métropole!

Il va sans dire qu'il est inadmissible qu'une partie seulement des territoires en question, p. ex. les futurs pays de protectorat allemands, soit grevée d'un droit de co-usufruit ou de condominium exercé par des puissances étrangères. Le système des conventions internationales doit comprendre pour le moins l'Afrique tropicale tout entière, c'est-à-dire l'Afrique centrale. Une politique économique semblable n'est pas nouvelle. Nous la voyons réalisée, en vertu du traité du Congo, dans ce qu'on est convenu d'appeler le bassin du Congo, lequel comprend non seulement l'ancien État du Congo, mais la plus grande partie de l'Afrique centrale. Ce document important, dont Bismarck fut le père intellectuel et le parrain, marque un immense progrès sur les anciens errements des puissances coloniales. Pendant les premiers siècles de la colonisation moderne, on avait pour principe de réserver l'exploitation des colonies à la mère-patrie. Par conséquent, les navires et les marchands étrangers en étaient complètement exclus et le commerce se bornait à un échange de marchandises entre la métropole et les colonies. Ce monopole mercantiliste ne fut adouci que dans la première moitié du XIXe siècle: le commerce étranger fut admis, mais en revanche on accorda un traitement de faveur au commerce de la métropole. Que ce système, dans bien des cas, ne fût guère plus favorable aux États étrangers que l'exclusion complète, c'est ce qui est prouvé par les expériences que notre commerce d'avant-guerre a faites dans les colonies des Français et des Portugais. Nous avons loyalement accordé toute liberté de commerce dans tous nos protectorats, y compris les districts ne faisant pas partie du bassin du Congo. Nous n'avons pas favorisé non plus l'importation en Allemagne des produits provenant de nos pays de protectorat. Jusqu'à présent, l'Angleterre en a usé de même dans ses colonies de la couronne, tandis qu'un fort courant protectionniste a eu le dessus dans l'Union sud-africaine et en Rhodésie. La France, partout où elle n'est pas liée par des conventions internationales, met au commerce étranger le plus d'obstacles qu'elle peut. Il en est de même du Portugal, en dépit de sa faiblesse économique. Pendant la guerre, l'Angleterre a annoncé l'intention de changer de politique, et son nouveau programme a déjà reçu un commencement d'exécution par l'établissement d'un tarif différentiel pour l'exportation de la copra provenant de ses possessions de l'Ouest africain. Le but qu'on se propose, est d'assurer à l'industrie anglaise un produit important, dont, avant la guerre, de grandes quantités prenaient le chemin de l'Allemagne. Dans le programme de la guerre économique, l'idée de fermer au commerce allemand l'accès des colonies ennemies joue un rôle considérable. En face de manœuvres de cette nature, nous maintenons le principe de la liberté du commerce international, et nous ferons tous nos efforts pour qu'il soit reconnu par le traité de paix. Nous suivons en cela les meilleures traditions de la politique coloniale moderne de l'Angleterre et nous travaillons en même temps à assurer la paix. Ce n'est pas en isolant les colonies et en en fermant l'accès au commerce de la métropole, qu'on arrive à établir dans le monde cet état de tranquillité et d'équilibre qui est la condition d'une paix durable. Dans les colonies, la politique économique ne saurait être conduite d'après les mêmes principes que dans les métropoles. Celles-ci sont absolument libres dans la façon de régler leurs relations économiques avec les pays étrangers. Dans une certaine mesure on peut en dire autant des colonies de peuplement renfermant un fort élément blanc. Mais dans les régions tropicales, l'existence de colonies délimitées ne se justifie que si l'accès en est ouvert aux ressortissants de tous les pays. C'est ce qu'autrefois les hommes d'État anglais ont toujours reconnu.

3. Participation commune à l'œuvre de la civilisation dans les colonies.

La «porte ouverte» ne doit pas exister seulement pour l'expansion économique, mais aussi pour les œuvres de civilisation. Dans cet ordre d'idées, je pense surtout au travail de nos missionnaires. On sait que jusqu'ici les missionnaires chrétiens de tous les pays civilisés étaient libres de choisir leur champ d'activité. Des missionnaires allemands travaillaient dans les colonies de nos ennemis actuels, et parmi ceux qui s'étaient établis dans nos protectorats, il y avait des ressortissants de nombreux pays étrangers. A ce sujet aussi, le traité du Congo renferme des règles fondamentales, dont l'application se borne naturellement aux territoires pour lesquels il a été conclu. Pendant la guerre, les missionnaires allemands ont été expulsés de toutes les possessions ennemies. Nos adversaires n'ont même pas craint d'étendre ces expulsions à nos propres protectorats, après qu'ils furent temporairement tombés entre leurs mains. Nous avons été surpris de voir que ce procédé n'a guère provoqué de protestations dans le monde chrétien des pays ennemis et des pays neutres. Nous n'en restons pas moins fermement attachés au principe de la supranationalité des missions, que le traité de paix devra inscrire parmi les règles du droit international en la précisant d'une façon ne laissant lieu à aucun équivoque.

Pour que le système de responsabilité commune produise son plein effet dans les colonies, il sera nécessaire de fixer par des conventions entre les puissances coloniales les principes fondamentaux que ces puissances appliqueront dans l'administration de leurs possessions. Des conventions de cette nature existent depuis longtemps en assez grand nombre. Elles ne découlent pas, comme voudraient le faire croire les adversaires du développement du droit international, d'une politique chimérique de fraternisation universelle, mais du fait que les puissances coloniales se voient placées devant des tâches qu'elles ne peuvent accomplir que par un accord sur les procédés à employer.

Nous en avons le premier grand exemple dans la lutte contre la traite des noirs et contre l'esclavage. En 1815 déjà, le Congrès de Vienne avait rédigé une déclaration destinée à préparer la suppression de cet odieux trafic, auquel participaient alors tous les États coloniaux. Dans le courant du siècle, cette déclaration a été suivie d'un grand nombre de conventions spéciales. L'acte du Congo imposait comme un devoir à ses signataires la lutte contre le fléau de l'esclavage, et l'acte général de la Conférence anti-esclavagiste tenue à Bruxelles en 1890 a complété le mouvement en réglant le détail des mesures de répression. Le résultat pratique ne s'est pas fait attendre. La traite des noirs a été repoussée dans un petit nombre de cachettes, et l'esclavage, qui n'existe plus que sous la forme mitigée d'une sorte de servitude domestique, est condamné à disparaître à brève échéance.

Dès le début de l'ère coloniale moderne, on a reconnu le grave danger que constituaient pour le développement physique et moral des races inférieures de l'Afrique, l'importation et la vente de l'alcool. Étant donné l'impossibilité d'une surveillance efficace des frontières, des mesures prises isolément par les différentes colonies ne promettaient que peu de succès. Le seul remède consistait dans l'application, par toutes les colonies, de mesures identiques. Depuis l'acte général de Bruxelles, l'interdiction du commerce de l'alcool a fait l'objet d'une série d'accords internationaux, sans que, jusqu'ici, on puisse considérer le problème comme résolu. La situation exige donc de nouvelles conventions, dont les dispositions devront être examinées minutieusement.

Dans l'intérêt de la paix publique établie à grand'peine par les puissances coloniales, d'autres conventions ont stipulé qu'en fait d'armes à feu il ne serait vendu aux indigènes que de vieux fusils à baguette. Cette restriction avait pour but d'empêcher les guerres qui autrefois ne cessaient de ravager l'intérieur de l'Afrique et présentaient même de sérieux dangers pour la domination des blancs. Nous avons essayé à plusieurs reprises de faire adopter une interdiction absolue de toute vente d'armes et un désarmement général. Les succès que sous ce rapport nous avons obtenus dans une partie de l'Afrique occidentale, ne furent que passagers, et en dernier lieu, nos efforts se sont brisés contre la résistance des Français. Après cette guerre, où des foules d'indigènes ont été dressées au métier militaire pour combattre non seulement contre des troupes de couleur, mais contre des blancs, et cela en Europe, il n'y aura probablement plus de divergences d'opinion entre les États coloniaux sur la nécessité de régler pour toute l'Afrique tropicale la question du désarmement des noirs. Il est vrai que les moyens pour y arriver ne seront pas précisément faciles à trouver.

De vastes territoires de l'Afrique sont visités par des épidémies des plus dangereuses, comme la petite vérole, la lèpre, la fièvre jaune et surtout la maladie du sommeil, qui se propagent avec une rapidité déconcertante de village en village, de tribu en tribu, et causent d'épouvantables ravages parmi la population déjà assez clairsemée. La lutte contre ces fléaux est une des tâches les plus urgentes des administrations coloniales. Il est évident, et d'ailleurs prouvé par l'expérience, qu'une colonie seule ne saurait engager cette lutte, et qu'il faut qu'elle y soit aidée par ses voisins. Ainsi, p. ex., le Congo belge, où l'on ne faisait que peu de chose pour enrayer les progrès de la maladie du sommeil, était devenu un danger permanent pour les colonies limitrophes de l'Allemagne et de l'Angleterre. Il sera donc indispensable de s'entendre sur les mesures à prendre en commun. D'ailleurs, il existe déjà à ce sujet des conventions spéciales entre nous et l'Angleterre et qui pourront servir de base. Si, par les efforts combinés des médecins et des autorités coloniales, on réussissait à arrêter la propagation des épidémies et à les faire disparaître peu à peu, on rendrait à l'avenir des peuples africains le plus grand des services et on supprimerait un obstacle de plus d'entre ceux qui s'opposent au développement d'une race saine et nombreuse.

D'autres problèmes que les puissances coloniales devront résoudre en commun, concernent le régime des communications. Le degré dans lequel l'administration d'une colonie entend en faciliter l'accès, dépend, il est vrai, de sa volonté. L'entretien et la surveillance des moyens de communication existants, ports, voies navigables, chemins de fer, routes, postes et télégraphes, ainsi que leur emploi par les étrangers et les indigènes rentrent dans le chapitre de la liberté du commerce. L'Afrique, pourtant, ne saurait rester indéfiniment divisée en fractions s'isolant les unes des autres. Dans les cas où des cours d'eau navigables ou pouvant être rendus tels touchent plusieurs colonies, on avait compris, autrefois déjà, la nécessité de s'entendre sur l'entretien ou la correction de ces voies fluviales. A l'avenir, le besoin de conventions de cette sorte se fera encore sentir bien davantage. Les actes relatifs à la navigation du Congo et du Niger devront être adaptés à ces besoins. Il est à prévoir qu'il faudra régler d'une façon similaire la navigation sur d'autres systèmes fluviaux, p. ex. le Sénégal, le Gambie, le Nil, le Zambèze, ainsi que sur les grands lacs dont les bords appartiennent à plusieurs États. En outre, il faudra relier entre eux les réseaux de chemins de fer. Dans certains cas, les différentes parties de la même colonie devront être reliées par des voies ferrées passant par des territoires voisins, ainsi que cela avait été prévu par le traité franco-allemand relatif au Nouveau Cameroun. Enfin, on pourra procéder à la construction en commun de grandes lignes de communication à l'instar de celles créées non seulement en Europe, mais aussi en Afrique et en Amérique. Ces artères traverseraient le continent africain d'une mer à l'autre ou relieraient les grands centres de commerce et de civilisation qui se formeront peu à peu.

Une matière à part est constituée par les questions militaires se rattachant à la neutralisation et à la limitation des armements en Afrique. On sait qu'en cas de guerre la neutralisation des territoires faisant partie du bassin conventionnel du Congo avait été prévue par l'acte du Congo. Si elle n'a pas été exécutée pendant la guerre actuelle, la faute en retombe sur l'Angleterre qui, s'étant donné pour tâche spéciale de détruire dans le monde entier l'œuvre de la civilisation allemande, n'a pas consenti à faire une exception pour les protectorats du Cameroun et de l'Est africain, bien que la Belgique et la France, ses alliées, fussent disposées à accepter notre proposition de respecter l'acte du Congo. Cette triste expérience devra-t-elle nous empêcher de prêter la main à un renouvellement de la neutralisation ? Je pense que non. Quand on est pénétré, comme nous le sommes, de l'influence funeste qu'exercera la guerre sur l'œuvre civilisatrice que les puissances coloniales ont assumée en Afrique, on approuve tout moyen qui offre la moindre chance d'empêcher qu'à l'avenir les conflits européens s'étendent aux colonies. Et pareille chance sera fournie par la neutralisation, sinon dans le cas d'une conflagration générale comme la guerre actuelle, du moins dans celui d'un conflit restreint à un petit nombre de puissances. — Jusqu'à présent il n'y a eu de stipulations concernant la limitation des armements ni dans les colonies ni dans les métropoles. A l'heure présente, de telles conventions sont exigées dans plusieurs pays par des partis politiques influents. Le Gouvernement de l'Empire s'est déclaré prêt à collaborer à ce but. Si la paix impose de telles restrictions aux puissances, il faudra qu'elles soient appliquées aussi aux possessions d'outre-mer. Mais même si l'on ne devait pas s'entendre sur une diminution générale des armements, il y aurait tout avantage à réduire d'un commun accord les forces militaires à la mesure requise par le maintien de l'ordre et de la tranquillité dans les colonies. C'est à tort que nos ennemis nous accusent de poursuivre la militarisation de l'Afrique: elle entre si peu dans nos idées, que nous sommes prêts à seconder tous les efforts tendant à y mettre obstacle.

Dans ce qui précède, je crois avoir tracé un vaste programme des tâches à résoudre en commun par les puissances coloniales. Ce programme est susceptible d'élargissements, que ne manqueront pas d'y apporter les besoins et les intérêts de la pratique. Je m'abstiens d'entrer ici dans des détails, je me borne à dire en passant qu'il existe des questions relatives au traitement des indigènes, comme p. ex. la question agraire, si importante pour toutes les colonies tropicales, qui pourront fournir matière à une entente sur les principes à appliquer.

L'exécution de toutes les conventions internationales restera, à l'avenir aussi, réservée aux autorités administratives de chaque colonie. Mais il conviendra de créer des organisations qui, au moyen d'un contrôle exercé par toutes les puissances intéressées, garantissent l'exécution des conventions. Nous sommes d'autant mieux disposés à contribuer pour notre part à rendre ce contrôle efficace, que, contrairement à la pratique adoptée par certains des co-signataires, nous avons toujours veillé, dans nos colonies de la façon la plus scrupulence et la plus loyale à l'observation des traités conclus par nous.

Dans le domaine de la colonisation, comme partout ailleurs, la collaboration de plusieurs ne va pas sans entraver jusqu'à un certain point l'initiative individuelle. Nous acceptons ces restrictions de notre liberté d'action, non pour obéir à de nébuleuses idées de fraternité universelle, mais parce que de cette façon nous croyons servir le mieux le grand but vers lequel doit tendre toute colonisation en Afrique: le développement progressif d'une solide culture matérielle aussi bien que morale des peuples indigènes, et l'utilisation des riches forces productives des tropiques pour l'approvisionnement en matières premières, dont l'Europe va avoir un besoin qui ira sans cesse grandissant. Dans un avenir plus éloigné, l'Afrique, peut-être, prendra peu à peu le caractère d'une colonie commune aux États européens et où les possesseurs des différentes colonies seront les gérants de la communauté. Je pense qu'alors aussi pourront être sauvegardés les intérêts vitaux qui se rattachent pour nous à la colonisation.

V. Conclusion.

J'ai essayé de tracer dans ses grandes lignes le tableau de nos aspirations en matière coloniale. Je me suis appliqué à faire ressortir surtout deux traits principaux. D'abord, la nécessité pour nous et le bon droit que nous avons de conserver nos possessions d'outre-mer, et ensuite, notre intention d'établir dans le domaine colonial, non pas l'hégémonie d'un État privilégié, mais un juste équilibre entre toutes les puissances intéressées. Dans cet ordre d'idées, nous demandons que le traité de paix à venir statue sur une nouvelle répartition de l'Afrique, qui, de «continent noir» qu'elle fut si longtemps, est en train de se transformer en un membre vivant du monde civilisé. A cette répartition devra faire suite une entente sur un système d'administration appelé à établir une juste balance entre les intérêts des territoires nouvellement délimités. Si tous les États coloniaux adoptent une politique de cette nature, l'Afrique, à l'avenir, ne sera plus la pomme de discorde jetée entre les peuples de l'Europe, mais un immense champ où les nations civilisées, rivalisant entre elles de bonne volonté et d'efforts pacifiques, récolteront de belles et abondantes moissons.

Résumons nos idées sur l'avenir du continent africain. L'Afrique restera, après comme avant la guerre, entre les mains d'un certain nombre de puissances européennes. Nous demandons un remaniement des possessions qui pourvoie à ce que les parts des différentes puissances soient appropriées à leurs intérêts et à leurs forces économiques, ainsi qu'à leur capacité colonisatrice. Il faudra étendre au continent tout entier ou du moins aux régions tropicales le système des conventions, dont les bases furent créées dès le commencement de l'ère coloniale moderne. Ces conventions devront assurer aux blancs l'égalité des droits dans les colonies africaines et fixer les principes à appliquer à la solution en commun des grands problèmes d'administration coloniale. On emploiera tous les moyens pour inhiber la militarisation des indigènes. Si l'on réussit à réaliser ce programme, rien ne s'opposera plus à un développement de plus en plus prospère de l'Afrique et de ses habitants. Alors les meilleurs forces de l'Europe pourront être mises au service de la grande tâche qui incombe à l'humanité civilisée, et d'avance elles seront assurées du succès. Alors les races de l'Afrique, qui pendant des centaines de siècles végétèrent à l'écart à l'ombre de l'histoire seront guidées, par un patient travail d'éducation, vers la lumière de notre civilisation. Alors seront déterrés d'après les méthodes de la science, de la technique et de l'organisation européennes, les trésors inexplorés dont l'Afrique abonde, et ils se répandront en bienfaits sur le monde entier. Alors l'Afrique marchera l'égale des autres parties du monde! Nous, Allemands, nous nous sentons appelés à prendre sur nous une bonne partie de cet immense travail. Notre programme est clair et simple: nous voulons rentrer en possession de nos colonies, et nous voulons en faire des créations autant que possible durables et productives. En même temps nous voulons travailler à prévenir les dangers dont la paix européenne est menacée par la militarisation en grand style que projettent nos adversaires.

Heureusement le peuple allemand tout entier est unanime à accepter ce programme. Dans tous les partis on reconnaît la nécessité qu'il y a pour l'Allemagne de posséder des colonies, et l'on comprend que, pour des raisons économiques aussi bien que politiques, il est indispensable que nous reprenions notre politique coloniale. A cet heureux accord rien n'est changé par le fait que les avis sont partagés sur la meilleure voie à suivre pour arriver au but désiré. C'est que les leçons d'économie et de politique que la guerre nous a données, ont été par trop impressives.

www.ingramcontent.com/pod-product-compliance
Lightning Source LLC
LaVergne TN
LVHW020411230826
846091LV00004B/1246

* 9 7 8 2 0 1 3 4 9 3 8 9 5 *